Bernhard Hobelsberger | Prof. Dr. med. Bernd Kleine-Gunk

SCHEIN FASTEN

Das Rezeptbuch

[Die 5 Tage-Anti-Aging-Kur | Weniger Bauchfett, jüngere Zellen | 50 alltagstaugliche Rezepte]

Inhalt

Theorie

Praxis

Ernährung

Service

PRAXIS
25

REZEPTE
59

Mit nährstoffoptimierten Gerichten den Stoffwechsel auf Fettverbrennung und Zellverjüngung umstellen, und das in nur 5 Tagen – probieren Sie es aus!

PROF. DR. MED. BERND KLEINE-GUNK

ist Facharzt für Gynäkologie am Metropol Medical Center in Nürnberg, Ernährungsmediziner und Präsident der Deutschen Gesellschaft für Anti-Aging-Medizin (GSAAM). Für den GRÄFE UND UNZER VERLAG hat er unter anderem den Ratgeber »15 Jahre länger leben« geschrieben.

BERNHARD HOBELSBERGER

schreibt als Redakteur für die Zeitschrift »Focus Gesundheit«. Er hat an der Burda-Journalistenschule volontiert und an der Fernuniversität in Hagen Soziologie studiert. Für den GRÄFE UND UNZER VERLAG verfasste er als Co-Autor bereits mehrere Sachbücher zum Thema Gesundheit.

VORWORT

Scheinfasten? Noch vor wenigen Jahren konnten selbst Ernährungsprofis mit diesem Begriff kaum etwas anfangen. Das hat sich geändert! Als sanfte Form der Kalorienrestriktion hat die Fasting Mimicking Diet mittlerweile unzählige Anhänger gewonnen.

Die Begeisterung für das Easy-Fasten hat ihren Grund. Schließlich erlaubt diese Diät Fasten, ohne dabei auf feste Nahrung zu verzichten. Und das geht so: Eine ausgeklügelte Zusammensetzung der Nährstoffe täuscht den Körperzellen Abstinenz vor, sodass der Organismus in den Fastenstoffwechsel schaltet. Die Folge: Das Zellsystem regeneriert sich, das Risiko für Zivilisationskrankheiten sinkt, Bauchfett wird reduziert.

In diesem Buch lernen Sie Rezepte kennen, die dieses körpereigene Anti-Aging-Programm aktivieren. Die Ökotrophologin Martina Kittler hat die veganen Menüvorschläge präzise nach den Nährstoffvorgaben der Fasting Mimicking Diet entwickelt. Gerichte wie Taboulé mit Brokkoli oder Spitzkohl-Slaw mit Cashewdressing sind arm an Zucker und Eiweiß, aber reich an Mikronährstoffen und ungesättigten Fettsäuren. Sie liefern Ihnen genügend Energie, um fit zu bleiben – und gleichzeitig so wenig, dass der Körper in den Fastenmodus schaltet.

Eine Fülle von Tipps und Strategien für Ihre 5-Tage-Kur runden diesen Fastenguide ab. Damit haben Sie alle Zutaten parat, um Scheinfasten zu einer inspirierenden Erfahrung für Körper und Geist zu machen.

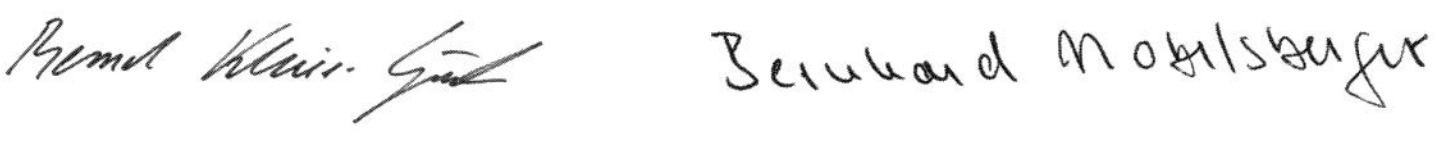

Entsagen auf die sanfte Art

Drei feste Mahlzeiten täglich sind bei der fastenimitierenden Diät erlaubt. Die kleinen Gerichte halten fit für Arbeitsalltag und Familie. Dennoch aktiviert der Körper den Fastenmodus: denn der spezielle Nährstoffmix gaukelt ihm Nahrungsentzug vor.

KLEINE EINFÜHRUNG INS SCHEINFASTEN
Seite 10

Kleine Einführung ins Scheinfasten

Scheinfasten, das neue Ernährungskonzept aus den USA, hat Fastenfans auf Anhieb begeistert. Kein Wunder: Weist es doch einen alltagstauglichen und wissenschaftlich erprobten Weg zu mehr Gesundheit und einer besseren Figur. Wie der revolutionäre Essplan funktioniert, erläutern wir Ihnen hier.

Genießen erlaubt!

Eine fünftägige Fastenkur, die den Griff zu frischen, gesunden Lebensmitteln erlaubt und als »Fasten light« dieselben gesundheitlichen Vorteile verspricht wie Heilfasten oder Wasserfasten: Das klingt auf den ersten Blick fast zu gut, um wahr zu sein. Bei genauerem Hinsehen zeigt sich jedoch: Es ist sogar noch besser. Denn Scheinfasten genießt zudem den Segen der Wissenschaft. Entwickelt am renommierten Longevity Institute (dt.: Institut für Langlebigkeit) der Universität von Südkalifornien wurde das Ernährungskonzept in einer klinisch hochwertigen Studie getestet – und für gut befunden.

DIE WAHL DER LEBENSMITTEL

Das Geheimnis hinter der Fasting Mimicking Diet (FMD, dt.: fastenimitierende Diät), wie die fünftägige Kur im Original heißt, ist die Auswahl der Lebensmittel, die gegessen werden dürfen. Avocados, Tomaten, Blumenkohl, Pilze, Salate, Walnüsse, Oliven und etliche weitere pflanzliche Genüsse gehören auf den Speiseplan. Denn sie bleiben für den Stoffwechsel gewissermaßen unsichtbar, sofern man eine vorgegebene Portionsgröße beachtet. Das heißt, der Körper führt die metabolischen Prozesse des Fastenzustandes durch, obwohl er Nahrung bekommt. Das Fasten wird also imitiert.

Info

Hinter dem imitierenden Fasten steckt eine vegane, kohlenhydratreduzierte und proteinarme Diät, die auf stärkearmes Gemüse sowie auf gesunde Pflanzenfette setzt.

Dabei gelten folgende Grundregeln:

~ *Nüsse, Avocados und Olivenöl zählen zu den wichtigsten Kalorienlieferanten.*
~ *Fleisch, Käse, Milch und andere tierische Proteine hingegen sind tabu, desgleichen Haushaltszucker und Stärkereiches wie Nudeln, Reis, Brot oder Kartoffeln.*
~ *Die Energiezufuhr ist begrenzt auf maximal 1100 Kilokalorien an Tag eins und 750 Kilokalorien an den Tagen zwei bis fünf.*

Effekte auf das Altern

Dieser Nährstoffmix und die limitierten Portionsgrößen lösen im Körper biochemische Reaktionen aus, die sich während des Fastens zunehmend intensivieren. Evolutionär sind diese biologischen Programme dazu gedacht, das Überleben des Organismus in Zeiten des Nahrungsmangels zu sichern. Auf Zellebene führen sie dazu, dass Alterungsprozesse verlangsamt und teilweise sogar umgekehrt werden. Vor allem zwei Begriffe sind dabei wichtig: Ketose und Autophagie.

WAS PASSIERT BEI KETOSE?

Sind die Speicher für Kohlenhydrate in Muskulatur und Leber nach 12 bis 36 Stunden ohne entsprechende Zufuhr leer, nutzt der Körper als alternativen Treibstoff vermehrt sogenannte Ketone. Diese Ketonkörper werden in der Leber aus Fett hergestellt, was die Fettverbrennung immens ankurbelt. Es gibt drei verschiedene Ketonkörper, nämlich Aceton, Acetoacetat und Beta-Hydroxybutyrat. Diese Verbindungen dienen nicht nur als alternative Energiequelle, sondern als molekulare Wohltäter: Sie hemmen Entzündungen, dämpfen Hungergefühle und erhöhen im Gehirn den Pegel des Nervenfaktors BDNF (ein Protein aus der Gruppe der Neurotrophine), der die Bildung von Neuronen (Nervenzellen) und Synapsen stimuliert.

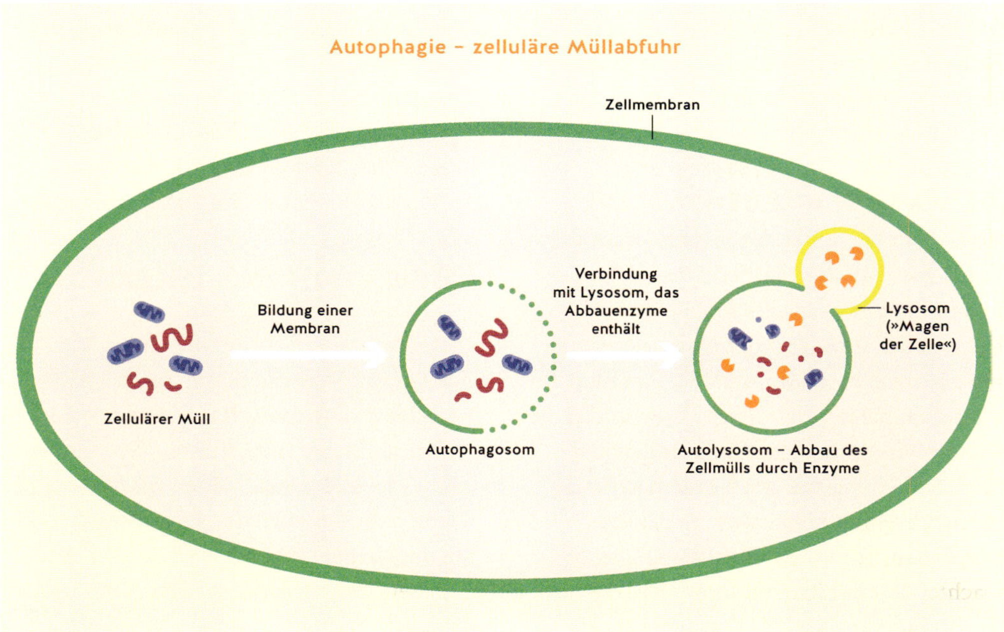

Anti-Aging-Programm für die Zellen: Bei der Autophagie werden defekte Proteine und kaputte Zellteile abgebaut. Auslöser ist der Nahrungsentzug.

WAS PASSIERT BEI AUTOPHAGIE?

In Magerzeiten entsorgen die Körperzellen beschädigte oder falsch gefaltete Proteine bis hin zu ganzen Organellen, indem sie diese Zellbestandteile abbauen und anschließend wiederverwerten. Alte Zellen agieren dann wie ihr jüngeres Selbst.
Dieses Recyclingprogramm, das dem Überleben der Zelle unter Stress dient, nennt sich Autophagie (von griech. autophagos = sich selbst verzehrend) und gehört zum Repertoire jedes Lebewesens – vom Hefepilz bis zum Blauwal. Manche Experten halten diesen Prozess für einen Schlüssel zu einem langen, fitten Leben.

Volldampf für die Zellverjüngung

Nach mindestens 16 Stunden ohne Nahrung beginnt die Zellverjüngung, die unterschwellig auch im Normalbetrieb der Zellen stattfindet, verstärkt abzulaufen und intensiviert sich im weiteren Fastenprozess immer mehr. In Versuchen mit Tieren verlängerte sich die Lebenszeit bei Nagern, deren Autophagie genetisch verstärkt wurde, um zehn Prozent. Aus Sicht des Organismus ist diese verjüngende Autophagie eine Schutzreaktion, eine Antwort auf bestimmte Stressreize.
Als stärkste Stimulanz für diesen Prozess der Selbstreinigung gilt radikales Fasten, bei dem der Organismus lediglich Wasser oder höchstens Gemüsebrühe erhält.

WIESO FUNKTIONIERT DIESES PROGRAMM AUCH MIT ESSEN?

Um zu verstehen, wie es beim Scheinfasten gelingt, den Zellen Abstinenz vorzugaukeln, ist ein kurzer Abstecher in die Biochemie der Ernährung – zu Kohlenhydraten und Eiweißen – erforderlich. Diese beiden Nährstoffe aktivieren Signalwege im Körper, die die Zellen zum Wachstum anregen. Einer dieser Stoffwechselschalter nennt sich mTor (mechanistic Target of Rapamycin). Das Enzym springt an, wenn nach einer eiweißhaltigen Mahlzeit Aminosäuren im Blut kreisen, aber auch wenn Insulin oder der insulinähnliche Wachstumsfaktor IGF-1 im Umlauf sind. Der Insulinspiegel steigt vor allem nach dem Genuss von Kohlenhydraten an.
Als eine Art chemische Trigger stoßen mTor sowie ein hoher Blutzucker-, Insulin- und IGF-1-Spiegel zelluläre Speicher- und Aufbauprozesse an. Die Aminosäuren aus Käse, Fleisch oder Eiern etwa dienen dazu, Muskeln wachsen zu lassen und Hormone herzustellen. Lebensnotwendige Prozesse mit Kehrseite: Werden Zellen ständig gefüttert, beschleunigt das ihren Alterungsprozess.

Info

Ein Zuviel an tierischen Proteinen lässt die biologische Uhr rascher ticken.

Effekte auf die Gesundheit

In einer Studie des Scheinfasten-Erfinders Valter Longo stellte sich heraus, dass Erwachsene im mittleren Lebensalter, die mehr als 20 Prozent der täglichen Kalorien aus Proteinen bezogen, ein stark erhöhtes Sterblichkeitsrisiko hatten. Das Krebsrisiko war sogar vervierfacht. Wer seine Zellen verjüngen, das Risiko für Altersleiden senken und die Figur verschlanken möchte, muss seinen Stoffwechsel also gelegentlich in den Stand-by-Modus versetzen. Für die begehrte Autophagie genügt es schon, tierische Eiweiße vom Teller zu verbannen, Kohlenhydrate stark zu reduzieren und die Portionen zu verkleinern. Und genau das passiert beim Scheinfasten! Damit erhält der Körper auf Zellebene keine Signale, dass eine Aufnahme von Essen erfolgt ist. Ungesättigte Fettsäuren wiederum, die beim Easy-Fasten einen Großteil der Kalorien liefern, berühren Blutzucker- sowie Insulinspiegel und IGF-1-Konzentration kaum. Sie sind deshalb in Maßen erlaubt. Eine vegane sowie zucker- und energiearme Diät versetzt den Organismus also in den Glauben, dass ein Nahrungsstopp vorliegt.

VATER DES SCHEINFASTENS

Entdeckt wurde das FMD-Prinzip von Valter Longo, Professor für Biogerontologie und Zellbiologie und Direktor des Longevity Institute an der University of Southern California. In Tierexperimenten belegte Longo Anfang der 2000er-Jahre, was unter Fastenforschern seit Mitte des 20. Jahrhunderts als ausgemacht galt: Die Kalorienrestriktion verhilft Lebewesen dazu, länger, gesünder und agiler zu leben.

FASTEN & KREBSRISIKO

Als Longo krebskranke Mäuse vor der Chemotherapie fasten ließ, stellte er fest, dass ihre vom Tumor befallenen Zellen besser auf die Zellgifte ansprachen, während die gesunden Zellen die Nebenwirkungen der Therapie dank Fastenschutz besser überstanden als üblich. »Differentielle Stressresistenz« nennt der Gerontologe diesen Fastenerfolg: Trouble für den Tumor, Erholung für das gesunde Gewebe. Allerdings: Für menschliche Krebspatienten kommt ein mehrtägiges strenges Fasten mit Wasser oder Gemüsebrühe angesichts der zehrenden Erkrankung kaum infrage.

FASTEN OHNE NACHTEILE

Auch gesunde Menschen nehmen bei längeren Essenspausen bedenkliche Nachteile in Kauf. Ihre Leistungsfähigkeit sinkt, Muskulatur geht verloren, das Immunsystem leidet durch den Eiweißverlust. Infektionen und Probleme mit der Wundheilung nehmen zu. Aus diesen Gründen suchte Valter Longo nach einem alltagstauglichen Ernährungsprogramm, das drei feste Mahlzeiten am Tag erlaubt, möglichst viele Nährstoffe liefert und den Körper trotzdem im begehrten Fastenzustand hält. Ausgehend von klinischen Studien entwickelte er die Formel für das sanfte Entsagen: eine fünftägige vegane Diät mit maximal 1100 Kilokalorien am ersten Tag und 750 Kilokalorien an den weiteren, die überwiegend aus ungesättigten Fettsäuren sowie aus Kohlenhydraten mit niedrigem glykämischen Index stammen.

FASTENDAUER

Als optimale Dauer für die Fastenkur legte Longo fünf Tage fest. Das ist einerseits lange genug, damit die metabolischen Prozesse des Fastenzustandes die nötige Intensität erreichen. Andererseits hält diese kurze Phase die Fastenkur alltagstauglich. Und sie senkt das Risiko für unerwünschte Nebenwirkungen auf ein Minimum. Zudem lässt sich die Diät mehrmals im Jahr wiederholen, was ratsam ist *(siehe Seite 16)*.

FASTENBOX …

Um Fastenden die Diät zu erleichtern, entwickelte Longo eine patentierte Fastenbox mit Ernährungsprodukten wie Tütensuppen, Nussriegel, Oliven und Grünkohl-Crackern, deren Zusammensetzung exakt den Erfordernissen der Diät entspricht. Das im Internet bestellbare Essensset trägt den Namen ProLon® (ca. 180 Euro) und enthält alle Zutaten für eine fünftägige Fastenkur. In diesem Zeitraum essen die Anwender nur das, was die Box enthält.

… ODER FRISCH GEKOCHT

Valter Longos fastenimitierende Diät lässt sich aber nicht nur mit der ProLon®-Instantnahrung durchführen. Auch mit selbst zubereiteten, frischen und vollwertigen Mahlzeiten glückt der Metabolic Switch in den Fastenstoffwechsel. Voraussetzung: Die Gerichte erfüllen die Vorgaben für die maximale Menge an Kalorien, Zucker und Eiweiß. Mit den nährstoffoptimierten Rezepten, die wir Ihnen ab *Seite 59* präsentieren, gelingt das spielend. Während gesunde Fette den Großteil der Kalorien liefern, sind stärkearmes Gemüse, Pilze und Salate volumenmäßig die wichtigsten Zutaten. Die pflanzlichen Genüsse stecken voller Ballaststoffe und Wasser, enthalten aber kaum Energie – das ist das Geheimnis hinter Scheinfasten: Fasten, aber ohne Hungern!

Scheinfasten als Medizin

Nicht essen ist eine verblüffend wirksame Arznei. Das zeigte eine klinische Studie mit 100 Probanden, die von der Universität in Südkalifornien durchgeführt wurde. Die Teilnehmer gingen ein Vierteljahr lang jeden Monat fünf Tage auf Scheinfastenkur.
Die Ergebnisse:

- *Übergewichtige Probanden nahmen mehr als 3,6 Kilogramm ab, vor allem Körperfett.*
- *In Relation zum Körpergewicht stieg die Muskelmasse.*
- *Bei Personen mit leicht erhöhtem Blutdruck sanken die Atü in den Adern um 6 mmHg.*
- *Der Cholesterinspiegel ging um 20 mg/dl zurück.*
- *Teilnehmer mit erhöhtem Nüchtern-Blutzucker freuten sich über eine Verminderung des Glukoseanteils um 12 mg/dl.*

LANGES LEBEN

Ebenso bedeutsam wie die positiven Effekte des Scheinfastens auf Gewicht und Blutdruck sind die Auswirkungen auf die Lebensdauer. Naturgemäß sind sie in Humanstudien jedoch nicht leicht nachzuweisen. Neben Tierstudien gibt es aber auch noch weitere Belege für den Methusalem-Effekt des Scheinfastens. Sie stammen aus der Zellforschung: Dort zeigte sich, dass die fastenimitierende Diät die Zellregeneration anregt und beschädigte Zellen in vielen Organen und Geweben mithilfe von Stammzellen durch junge Zellen ersetzt.

WIEDERHOLUNG ERWÜNSCHT

Die Scheinfasten-Diät ist eine periodische Fastenkur. Sie kann (und sollte) regelmäßig wiederholt werden. Das verstetigt die Erfolge und führt zu einem nachhaltigen Zell-Reset. Drei oder vier Zyklen pro Jahr sind ideal, zwei pro Jahr sind das Minimum. Stark übergewichtige Menschen, die womöglich mit Bluthochdruck, hohem Cholesterinspiegel oder anderen Risikofaktoren für Herz- und Kreislauferkrankungen kämpfen, empfiehlt Scheinfasten-Erfinder Longo, sogar einmal monatlich in den Fastenmodus zu wechseln. Wichtig: Wer gesundheitlich eingeschränkt ist, sollte sich vorher ärztlich beraten lassen.

WER NICHT SCHEINFASTEN SOLL

Trotz vieler Benefits eignet sich Scheinfasten nicht für jeden. Kinder, Jugendliche, Schwangere, Stillende, Menschen mit Essstörung und Schwerkranke sollten nicht mit Kalorien knausern. Auch bei einer Allergie gegen Nüsse oder Soja ist die Diät tabu. Wer Medikamente gegen Diabetes, Gicht, Gallenleiden sowie Herz- und Nierenerkrankungen nimmt, braucht ärztliche Begleitung beim Fasten. Auch wer älter als 70 Jahre und kein Fastenprofi ist, sollte einen Arzt hinzuziehen.

DIE BENEFITS

Wissenschaftlich belegt durch Tierstudien des Scheinfasten-Erfinders Valter Longo:

- Lern- und Merkfähigkeit werden besser
- Hautentzündungen gehen zurück
- Abwehrzellen des Immunsystems verjüngen sich
- die motorische Koordinationsfähigkeit steigt
- altersbedingter Knochendichteverlust wird reduziert
- Zahl der Krebserkrankungen sinkt um fast 50 %
- Lebensdauer erhöht sich um bis zu 18 %

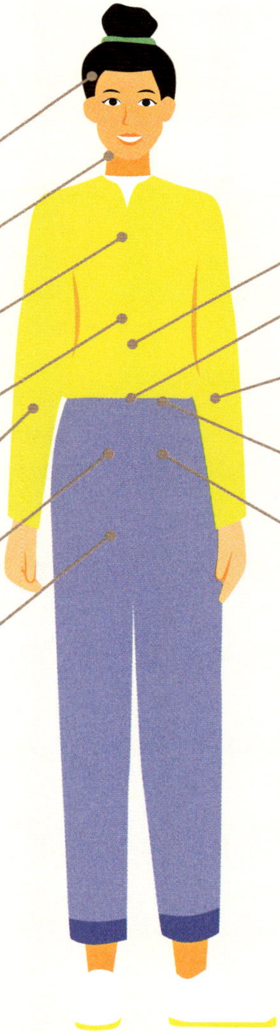

Wissenschaftlich belegt durch Humanstudien des Scheinfasten-Erfinders Valter Longo:

- Bauchumfang geht zurück
- mehrere Kilogramm Körperfett werden abgebaut
- erhöhte Werte von Blutdruck, Blutzucker und Cholesterin normalisieren sich
- Muskelmasse nimmt relativ zum Körpergewicht zu
- bei Risikopatienten sinkt der mit einem Tumorrisiko einhergehende IGF-Level

Auf einen Blick

Bis zu drei Mahlzeiten sind beim Scheinfasten pro Tag vorgesehen: entweder klassisch als Frühstück, Mittag- und Abendessen oder auf zwei Mahlzeiten und einen Snack verteilt. Ziel ist es, etwa die Hälfte der Kalorien aus komplexen Kohlenhydraten mit geringem glykämischem Index aufzunehmen. Weitere 50 Prozent der Kalorien kommen aus ungesättigten Fettsäuren. Die Eiweißaufnahme ist minimal. Die exakte und in Studien erprobte Zusammenstellung der Nährstoffe garantiert, dass der Körper das Zellerneuerungsprogramm startet.

STUDIEN MIT MÄUSEN

Imposant sind Ergebnisse, die kalifornische Forscher in Scheinfasten-Studien mit Mäusen erzielten: Bei drei von vier Nagern verlängerte sich die Lebensdauer um knapp ein Fünftel. Die Zahl an Tumoren sank um fast die Hälfte und verbliebene Erkrankungen verschoben sich in das Greisenalter der Tiere. Ihr Immunsystem verjüngte sich, auch in Leber-, Muskel- und Gehirnzellen wurde die Regeneration angeregt.

ERSTER TAG

Am ersten Tag dürfen Sie maximal 1100 Kilokalorien zu sich nehmen. Ihr Essplan sollte sich wie folgt zusammensetzen:

- *500 Kalorien in Form stärkearmer Kohlenhydrate: Salate und Gemüse wie Brokkoli, Tomaten, Karotten, Kürbis, Pilze*
- *500 Kalorien in Form gesunder Fette: Nüsse, Avocados, Oliven, Olivenöl*
- *100 Kalorien in Form von Protein pflanzlichen Ursprungs; insbesondere aus Nüssen*
- *drei bis vier Tassen ungesüßter Tee*
- *Wasser nach Belieben*

ZWEITER BIS FÜNFTER TAG

An den Tagen 2 bis 5 dürfen 750 bis 800 Kilokalorien auf Ihren Teller kommen: Ihr Essplan sollte sich wie folgt zusammensetzen:

- *370 Kalorien in Form stärkearmer Kohlenhydrate: Salate und Gemüse wie Brokkoli, Tomaten, Karotten, Kürbis, Pilze*
- *370 Kalorien im Form gesunder Fette: Nüsse, Avocados, Oliven, Olivenöl*
- *60–65 Kalorien in Fom von Protein pflanzlichen Ursprungs; insbesondere aus Nüssen*
- *drei bis vier Tassen ungesüßter Tee*
- *Wasser nach Belieben*

Die Evolution des Fastens

Ob gewollt oder ungewollt: Der vorübergehende Verzicht auf Nahrung gehört genauso zur Natur des Menschen wie essen. Hier ein kleiner, unvollständiger Blick auf die lange Fastentradition:

2016 n. Chr.:
In einem Fachmagazin erscheint die erste Studie zur Fasting Mimicking Diet.

1945 n. Chr.:
Forscher entdecken, dass Intervallfasten die Lebensspanne von Ratten im Schnitt um 20 Prozent erhöht.

1919 n. Chr.:
Der Arzt und Heilfasten-Pionier Otto Buchinger kuriert seine rheumatische Arthritis im Selbstversuch mit knapp dreiwöchigem Fasten.

1878–1959 n. Chr.:
Als einer der ersten Ärzte Amerikas behandelt der US-Mediziner Edward Dewey seine Patienten mit Fastenkuren.

1558 n. Chr.:
Mit dem Werk »Discorsi della vita sobria« (dt.: »Über das maßvolle Leben«) schreibt der Italienier Luigi Cornaro einen Ratgeber über Kalorienrestriktion.

Ca. 1060 n. Chr.:
In »Liber vitae meritorum« (dt.: »Das Buch der Lebensverdienste«) empfiehlt Hildegard von Bingen maßvolles Fasten zur Eindämmung der Vergnügungssucht.

Ca. 26 n. Chr.:
Jesus fastet 40 Tage in der Wüste. Neben dem Christentum kennen auch Islam (Ramadan) und Judentum (z.B. an Jom Kippur) Fastenperioden.

Ca. 400 v. Chr.:
Der antike Arzt Hippokrates propagiert Fasten als Teil der Diätetik.

2000–3000 Jahre v. Chr.:
Als erste Weltreligion empfiehlt der Hinduismus zeitweise Askese, um geistige Klarheit zu erlangen.

Seit 7 Millionen Jahren:
Als Folge von Jagdpech oder Ernteausfällen gehört unfreiwilliges Fasten zum evolutionären Erbe der Menschheit.

INTERVIEW

Interview

Fit und entspannt durch die Scheinfastenwoche. Wie das geht, weiß Nina Winkler. Die Münchner Yogaexpertin und »GRÄFE UND UNZER«-Autorin bildet Yogalehrerinnen aus und leitet Fitnessretreats. Sie selbst fastet regelmäßig.

Sport und Fasten – verträgt sich das?

Ja, Bewegung gehört sogar zum Fasten dazu, auch bei der fastenimitierenden Diät. Schon täglich 20 Minuten strammes Walken oder zügiges Radfahren halten den Stoffwechsel in Schwung, stabilisieren den Blutdruck und wirken dem Eiweißabbau in der Muskulatur entgegen. Wer beim Fasten fröstelt, profitiert davon, dass Muskelaktivität Wärme erzeugt. Bei Stimmungsschwankungen oder Hunger lenkt Training nicht bloß ab, es wirkt wie ein Gegenmittel, weil körperliche Aktivität über die Endorphinausschüttung die Stimmung hebt.

Nina Winkler, Fitnessexpertin und Yogalehrerin in München

Welcher Sport ist der richtige?

Optimal ist immer der Sport, der das Wohlbefinden erhöht. Während einer Fastenkur heißt es aber auch: Wie leistungsfähig bin ich gerade? Und was sagt mein Körpergefühl?
Die Antworten sind individuell verschieden: je nach Fitness- und Gesundheitszustand, Tagesform und Fastenerfahrung. Auf Mannschaftssport, Krafttraining und schnelles Joggen sollte man selbst als Geübter während der Fastenkur verzichten. Die Gefahr von Kreislaufproblemen oder Verletzungen ist zu groß.

Wie intensiv darf ich trainieren?

Meiner Erfahrung nach ist es empfehlenswert, von der Leistung im Normalzustand ein bis zwei Drittel Intensität abzuziehen: Das schützt vor der totalen Überforderung - und vor gesundheitsgefährdendem Unterzucker.

Woher kommt die Energie?

Beim Scheinfasten nimmt man ja immer noch knapp die Hälfte der gewohnten Kalorienmenge zu sich. Das reicht nicht für einen Marathon, aber es genügt für einen sanften Dauerlauf, kleinere Ausflüge mit dem Bike oder eine moderate Einheit auf dem Crosstrainer im Fitnessstudio. Voraussetzung ist: Man trainiert regelmäßig und fühlt sich trotz der Kalorienrestriktion körperlich fit.

Gibt es kritische Fastentage für Sport?

Am zweiten Fastentag besteht das Risiko, dass die Energiereserven nicht ausreichen. Das hat damit zu tun, dass die Glukosevorräte weitgehend aufgebraucht sind. Bei Ausdauersport mit höherer Intensität ist Zucker aber der bevorzugte Treibstoff des Körpers. Außerdem hat sich der Organismus an Tag zwei noch nicht vollständig darauf eingestellt, Energie aus seinen Fettdepots bereitzustellen. Deshalb sollte man sich jetzt nicht intensiv belasten.

Was wäre ein besonders günstiger Tag?

Am Vorabend der Scheinfastenwoche und an Tag eins lohnt sich das Training doppelt, denn dann werden die noch vollen Kohlenhydratspeicher schneller geleert. Das beschleunigt den Übergang in den Fastenmodus.

Was können sich Menschen zumuten, die normalerweise wenig Sport betreiben?

Radfahren, Spaziergänge oder sanfte Gymnastik sind ideal, um in Schwung zu kommen und das Wohlbefinden zu steigern. Das gilt natürlich auch für Yoga. Vom Schwimmen rate ich ab, weil man im Wasser bei Kreislaufproblemen in heikle Situationen geraten kann. Wichtig ist immer, auf den Körper zu hören.

Wie ist es mit Entspannungsübungen?

Meditationen, Tai-Chi, Atemübungen, Stretching und ähnliche Relaxstrategien passen sehr gut in die Scheinfastenwoche. Sie lenken die Aufmerksamkeit von kleinen Befindlichkeitsstörungen ab und erhöhen das Wohlbefinden. Entspannungsverfahren sind auch deshalb hilfreich, weil sie - genau wie Sport - den Pegel der Stresshormone im Organismus senken. Das hilft gerade Fastenneulingen, bei denen der Organismus als Reaktion auf die ungewohnte Kalorienreduktion Stresshormone ausschüttet. Manche Methoden, etwa Meditation, Autogenes Training oder auch Yoga erfordern etwas Praxis, damit sich der Erfolg einstellt. Wer also keine Erfahrung mit diesen Verfahren hat und keine Trainerin engagieren kann oder möchte, der ist mit leichter zu erlernenden Übungen besser dran. Dazu gehören beispielsweise Progressive Muskelrelaxation nach Jacobson, Fantasiereisen durch den Körper oder auch Atemübungen.

Bevor es losgeht

Der Start in die Fastenwoche rückt nun näher. Doch das ist kein Grund, nervös zu werden. Denn abgesehen vom Aussuchen der Rezepte und dem Einkauf der Lebensmittel verlangt Scheinfasten nur wenig Vorbereitung. Urlaub nehmen, Darm reinigen, Entlastungstage mit Schonkost einplanen – all das ist beim imitierenden Fasten unnötig. Trotzdem wollen wir Ihnen, bevor Sie loslegen, noch ein paar Tipps und Erfolgsstrategien an der Hand geben.

KEINE ANGST VOR HUNGER UND VOR LEEREN TELLERN

Gerade wer etwas Bammel vor der kommenden Woche hat, sollte sich noch einmal vor Augen halten: Die kleinen Gerichte, die in den nächsten Tagen auf den Tisch kommen, reduzieren die körperlichen und mentalen Belastungen des Fastens auf ein Minimum! Für die Rezeptentwicklung galt das Ziel, bei jeder Mahlzeit den Magen mit den verfügbaren Kalorien bestmöglich zu füllen. Dabei helfen vor allem die Ballaststoffe aus Gemüse, Salaten und Pilzen. Als volumenreiches Fasermaterial verweilen sie länger im Verdauungsapparat, was das Sättigungsgefühl fördert. Zudem verlangsamen sie den Verdauungsprozess. Die Glukose tritt nicht so schnell aus dem Darm ins Blut über – das bremst die gefürchteten Heißhungerattacken aus. Selbst wenn die kommenden Tage eine Umstellung des gewohnten Ernährungsmusters mit sich bringen, lässt sich die Einschränkung bei den Kalorien in aller Regel sehr gut verkraften. Wie Sie mit anfänglichen Hungergefühlen, Abgeschlagenheit oder anderen möglichen Begleiterscheinungen umgehen, erfahren Sie im folgenden Kapitel, in dem wir Ihnen Tag für Tag alles Wichtige zu Ihrer Fastenkur erläutern.

SCHNELL IN DEN FASTENMODUS MIT ERNÄHRUNG …

Wer es eilig hat mit dem Fasten, genießt am Vortag am besten Low-Carb-Gerichte wie zum Beispiel Omelett mit Salat, eine Hähnchen-Brokkoli-Pfanne oder gefüllte Paprika. Kohlenhydrate aus Kartoffeln, Reis oder Nudeln sollten besser gemieden werden. Denn um an den folgenden Tagen in den begehrten Fastenmodus zu kommen, muss der Körper als Erstes die Glykogenspeicher leeren, also seine Kohlenhydratvorräte in Leber und Muskeln. Diese Puffer (Glykogen ist die Speicherform der Glukose) dienen als temporäre Energiespeicher. Sie zu leeren dauert bis zu 24 Stunden, je nachdem wie voll die Zuckerdepots gefüllt waren. Packt man sie vor dem Fasten noch einmal so richtig voll mit Carbs, dauert der Switch in den Modus der Fettverbrennung länger.

… UND MIT SPORT

Wenn Sie sportlich trainiert sind, können Sie Ihren Körper mobilisieren, um etwas schneller auf Fastenstoffwechsel umzuschalten. Eine Dreiviertelstunde anstrengender Ausdauersport, am Tag vor Beginn der Diät absolviert, hilft, die Zuckerspeicher in der Muskulatur rascher zu leeren. Das beschleunigt den Eintritt in den Stoffwechselzustand, in dem der Körper seine Fettdepots mobilisiert, um etwa dreieinhalb Stunden – und zwar ohne dass man deshalb mehr Hunger verspürt. Diese Entdeckung machten Forscher der Brigham Young University (US-Bundesstaat Utah) bei einem Fastenexperiment mit 20 Probanden. Ohne Sport trat die Umstellung auf Ketose frühestens nach 20 Stunden ein. Wichtig dabei: nach dem Ausdauertraining bitte keine Pasta-Berge futtern, sonst verpufft der Effekt.

DER RICHTIGE STARTTAG

Viele Scheinfastende bevorzugen den Freitag. Dann fallen der zweite und dritte Tag, an denen die Belastbarkeit oft etwas niedriger ist, aufs Wochenende. Andere haben zum Fastenstart gerne einen vollen Terminkalender. Das lenkt sie von den eigenen Befindlichkeiten ab. Wer auf diese Strategie setzt, legt den Start am besten auf Sonntag oder Montag.

3 TIPPS FÜR EINE ERFOLGREICHE WOCHE

Essensreize beim Fasten sind wie surrende Mücken bei einer Meditation – einfach quälend. So halten Sie durch:

1. *Stellen Sie vor Beginn der Kur einen Ernährungsplan für jeden Tag zusammen und kaufen Sie alle Lebensmittel frühzeitig ein. Das verhindert, dass Sie im Supermarkt schwach werden.*
2. *Deponieren Sie unwiderstehliche Leckereien aus dem Vorratsschrank am besten bei Nachbarn.*
3. *Easy-Fasten fügt sich gut in den Alltag. Dennoch sollten Sie eine möglichst ereignisarme Woche für die Diät aussuchen: ohne sektfröhliche Büropartys und Essenseinladungen.*

5-Tage-Kur

Wir begleiten Sie nun Tag für Tag durch das Scheinfasten und zeigen Ihnen, wie das Fasten zu einer Wohlfühlerfahrung wird.

Tag 1 – der Auftakt

Sanft und wohlschmeckend beginnt der Einstieg in das Easy-Fasten: mit maximal 1100 Kalorien und drei leckeren Mahlzeiten. Weil mit Kohlenhydraten und Proteinen geknausert wird, schaltet der Stoffwechsel trotzdem in die Nüchternphase. Die Rezepte für Ihren ersten Fastentag finden Sie ab *Seite 60*.

Kleine Portion, voller Genuss

Heute beginnt ihr Scheinfastenerlebnis. Als Neuling in Sachen Kalorienrestriktion sind Sie vermutlich etwas aufgeregt. Ganz bestimmt stellen Sie sich Fragen: Wie wird mein Körper auf die Schmalkost reagieren? Werde ich durchhalten? Oder werde ich nachts die Fensterscheibe meiner Bäckerei einwerfen auf der verzweifelten Suche nach Rosinenbrötchen? Seien Sie beruhigt: Hundertausende von Menschen haben bereits positive Erfahrung mit dieser neuen Ernährungsweise gemacht. Scheinfasten ist Wohlfühlfasten. Das beginnt schon an Tag eins.

VON ERFAHRUNG PROFITIEREN

Wie der heutige Kick-off erlebt wird, hängt auch von der individuellen Fastenerfahrung ab. Wer Fastenvarianten kennengelernt hat, bei denen der Magen völlig leer bleibt, wie etwa beim Wasserfasten, der wird sich über das Paradox freuen, dass Fasten und Essen zusammenpassen können. Wer heilfastenerprobt ist, den erwartet überdies die angenehme Erkenntnis, dass er sich beim Scheinfasten die unerquicklichen Darmentleerungen erspart. Auch der Umstand, dass das Easy-Fasten kaum halb so viel Zeit in Anspruch nimmt wie eine durchschnittliche Heilfastenkur, empfinden Fastenprofis als positiv.

BITTE DURCHHALTEN!

Menschen, die null Erfahrung mit Essenspausen besitzen, also noch nicht einmal mit Intervallfasten, werden anfangs allerdings daran zu knabbern haben, dass die Portionen beim Scheinfasten kleiner ausfallen als im Alltag. In der Regel wird an ihnen heute und morgen zeitweise ein Hüngerchen nagen. Das gilt umso mehr, wenn die im Alltag übliche Kost sehr kalorienreich ausfällt. Die Aussicht, den Gürtel enger schnallen zu müssen, kann auch mental herausfordernd sein.

ALLES WIRD GUT

Unannehmlichkeiten, die Sie zu Beginn des Fastens vielleicht noch belasten, nehmen ab, sobald der Körper seine Energie aus den Fettreserven zieht und nicht mehr auf Glukose wartet. Und es kommt noch besser: In den kommenden Scheinfastenzyklen werden Sie mit der zunehmenden Routine lernen, dass sich Kalorienrestriktion von Anfang an angenehm anfühlen kann.

WAS PASSIERT IM KÖRPER?

Nach der letzten klassischen Mahlzeit am Vortag läuft der Stoffwechsel an Tag eins Ihrer Scheinfastenkur zunächst in gewohnten Bahnen: Das Essen wird verdaut und verstaut, nachdem es in Glukose, Aminosäuren und Fettsäuren zerlegt wurde. Um Zucker in die Körperzellen zu schleusen, setzt die Bauchspeicheldrüse Insulin frei. Überschüssige Glukose wird als Glykogen in der Leber gespeichert. Je nach Art der Mahlzeit sinkt der Blutzuckerspiegel nach 2 bis 3 Stunden auf den Normwert (von 100 mg/dl) zurück.

Erste Reaktion des Stoffwechsels

In den folgenden 24 Stunden schaltet der Stoffwechsel dann in die Nüchternphase. Um Energie zu gewinnen, greift der Körper auf die Glukosedepots in der Leber zurück. Das Entleeren dieser Glykogenspeicher dauert etwa 4 bis 24 Stunden, je nach körperlicher Aktivität. Danach fällt der Blutzuckerspiegel weiter ab. Sinkt die Konzentration an Glukose unter einen Schwellenwert von etwa 70 mg/dl, setzt ein Stoffwechselweg ein, den Experten als Glukoneogenese bezeichnen. Dabei stellen Leber und Nieren aus den Proteinreserven der Skelettmuskulatur neue Glukose her, die vor allem den Nervenzellen zur Verfügung steht. Die gute Nachricht: Diese Fastenabläufe werden beim Scheinfasten trotz fester Nahrung nicht unterbrochen.

Was tun, wenn der Hunger kommt?

Ist der Magen unterbeschäftigt, steigt im Blut der Spiegel des Ghrelin, einem appetitanregenden Botenstoff. Er signalisiert dem Gehirn: Ran an das Büfett! Ghrelin ist überlebenswichtig für den Menschen, kann aber beim Fasten auch ganz schön nerven. Zum Glück sind wir dem Essensdrang jedoch nicht hilflos ausgeliefert. Wie Experten versichern, kommt Hunger in Wellen. Er vergeht zwischendurch wieder und er wächst auch nicht ins Unendliche.
Allzu groß dürfte das Loch im Magen ohnehin nicht sein. Denn die Ballaststoffe aus Gemüse, Salaten und Pilzen, die beim Scheinfasten auf dem Teller landen, haben Sattmacherqualitäten. In Kombination mit ausreichend Flüssigkeit quillt das pflanzliche Faserfutter im Magen auf, erhöht das Volumen der Mahlzeit und die Verweildauer im Magen, und das weitgehend ohne lästige Kalorien im Gepäck.

Tipp

Schlürfen Sie langsam eine Tasse Tee oder ein Glas Wasser, sobald sich Hungergefühle breitmachen. Bis Sie ausgetrunken haben, sind die störenden Signale oft schon weg.

Tipp

Helfen kann Ihnen, einige Wochen vor der fastenimitierenden Diät mit 16/8-Intervallfasten zu experimentieren. Hat sich der Körper einmal an dieses Mini-Fasten gewöhnt, fällt ihm auch das Scheinfasten leichter.

Auch die Fette aus Olivenöl, Avocado oder Nüssen tragen dazu bei, Hungergefühle zu verringern, weil der Nährstoff Fett stärker sättigt als Proteine und Kohlenhydrate. In klinischen Studien gaben die meisten Teilnehmer einer Scheinfastenkur an, nur wenig Kohldampf zu verspüren.

Allerdings: Bei übergewichtigen Fastenanfängern kann es dennoch passieren, dass die Hungersignale stärker ausfallen. Auch Esser, die normalerweise gerne zu großen Portionen greifen, kommen mit der FdH-Ration anfangs mitunter schwer zurecht.

BITTE NICHT SCHUMMELN

Kein Mensch ist perfekt, und die Gedanken sind ohnehin frei – gut möglich also, dass vor Ihrem inneren Auge schon mal ein verlockendes Käsebrot oder ein köstliches Omelett auftaucht. Dennoch: Schummeln Sie bitte nicht, indem Sie sich größere Portionen auftischen oder zwischen den Mahlzeiten snacken. Beim Scheinfasten gibt es keinen Cheat-Day (»Schummel-Tag«)! Wer mehr Kalorien zu sich nimmt, als im Scheinfasten-Design erlaubt, bringt sich nicht nur um die Ketose, sondern auch um die Autophagie *(siehe Seite 13)*: Erst wenn ein konstant niedriger Insulinspiegel dem Körper anzeigt, dass er von außen nicht ausreichend mit Energie versorgt wird, beginnt der Organismus sich bei schadhaften Zellstrukturen zu bedienen und diese zu recyceln.

EINE FRAGE DER EINSTELLUNG

Vieles im Leben ist Kopfsache, auch das Fasten. Richten Sie Ihre Aufmerksamkeit deshalb immer wieder mal auf den motivierenden Umstand, dass Ihr Körper in den Magertagen eine umfassende Verjüngungskur erlebt. Die Zellen regenerieren sich, schädliches Bauchfett schmilzt, hoher Blutdruck sinkt, Entzündungswerte gehen zurück. Das Bewusstsein, dass Sie gerade einen gesundheitlichen Reset erleben, hilft wie ein Fesselballon über Augenblicke hinweg, in denen Sie sich nach einem großen Teller Lachslasagne sehnen. Die Vorstellung eines herausfordernden Fastenprojekts verleiht Elan und trägt dazu bei, die Kur zu einem unvergesslichen Erfolgserlebnis zu machen. Natürlich sind auch kleine Belohnungen zum Anfassen und Genießen erlaubt: etwa ein neuer Badezusatz, ein spannendes Buch oder eine Konzertkarte.

Tag 2 – Anti-Aging pur

Die nicht so tolle Nachricht zuerst: Die Mahlzeiten werden ab heute kleiner. Doch es lohnt sich. Denn nun setzt die zelluläre Verjüngung ein. Und mal ehrlich: Gerichte wie »Gemüse-Carpaccio mit Nuss-Crunch« klingen doch nicht nach Verzicht. Die Rezepte für Ihren zweiten Fastentag finden Sie ab *Seite 80*.

Es geht an die Reserven

Beinahe schade, dass man nicht mal schnell einen Blick in die eigenen Körperzellen werfen kann. In diesen winzigen Bausteinen des Lebens würden Sie heute Früh Erstaunliches entdecken: Die Zellen sind ein Stück jünger geworden! In den vergangenen Stunden hat Ihr Organismus aufgrund des Fastens ein biologisches Anti-Aging-Programm gestartet, bei dem die Zellen defekte Bestandteile abbauen und wiederverwerten. Diese Fähigkeit zur Autophagie, die Sie im Einstiegskapitel *(siehe Seite 13)* bereits kennengelernt haben, ist auf niedrigem Niveau zeitlebens aktiv, lässt aber mit dem Alter nach. Spürt die Zelle jedoch einen Energiemangel, setzt sie den Erneuerungsmodus verstärkt in Gang.

AB IN DEN JUNGBRUNNEN

Wann genau diese Frischzellenkur beim Fasten einsetzt, wird unter Fachleuten heiß diskutiert. Manche sehen die verstärkte Autophagie bereits 16 Stunden nach der letzten Mahlzeit eintreten; andere Experten sprechen von 24 Stunden und mehr. Vermutlich spielt auch der individuelle Stoffwechsel eine Rolle. Sicher ist: Sie haben Ihre Körperzellen am zweiten Fastentag schon mal ordentlich in den Jungbrunnen getaucht – und dieser gesundheitsförderliche Effekt wird sich in den nächsten Tagen noch verstärken.

Tipp

Lassen Sie alles etwas ruhiger angehen, solange Sie noch nicht im Fastenstoffwechsel angekommen sind. Falls Sie am Samstag mit der 5-Tage-Kur gestartet sind, gönnen Sie sich heute einen ausgedehnten Wohlfühlsonntag: mit Teetrinken auf dem Sofa, lesen, eine Lieblingsserie auf Netflix gucken. Nehmen Sie den Tag so wahr, als hätten Sie gerade eine kleine Grippe auskuriert. Nun sind Sie eigentlich wieder gesund, aber noch bedürftig nach Schonung.

MÖGLICHE NEBENWIRKUNGEN

Die Autophagie entschädigt für Schlappheit und Unkonzentriertheit, die sich an Tag zwei einstellen können. Solche Symptome sind eine Folge der gedrosselten Energiezufuhr. Diese liegt heute und in den kommenden Tagen bei 750 bis 800 Kilokalorien. Entsprechend überschaubar sind die Portionsgrößen. Da wünscht man sich gelegentlich einen kleinen Nachschlag. Doch Nachfassen ist tabu, so leid es uns auch tut.
Immerhin sind die Mahlzeiten groß genug, um den Scheinfastenden die sogenannte Fastenkrise zu ersparen, die sich bei klassischen Fastenkuren an Tag zwei häufig einstellt. Menschen, die lediglich Wasser, Säfte oder Gemüsebrühe schlürfen, berichten oft von

Kopfweh, Kreislaufproblemen oder Gliederschmerzen – Symptomen, die mitunter erst nach einigen Tagen verschwinden.
Verglichen damit reduzieren sich die unangenehmen Begleiterscheinungen beim Scheinfasten auf ein Minimum. Manche Easy-Fastenden haben jedoch am zweiten Tag das Gefühl, dass das Denken langsamer abläuft. Die Laune kann auf halbmast hängen, zumal wenn Hungergefühle wellenartig anfluten. Schuld an der Minikrise ist eine Energielücke. Die Zuckervorräte sind aufgebraucht, aber die Brennstoffgewinnung aus Fett und Ketonen läuft erst an.

WAS PASSIERT IM KÖRPER?

Ihrem Stoffwechsel geht es ab heute ähnlich wie einem Staatswesen, dem ein Nachbar die Gaszufuhr abdreht. Er braucht neue Energiequellen. Die Glukosespeicher in Leber und Muskeln sind weitgehend leer, weil der Körper aufgrund des fehlenden Nachschubs an Kohlenhydraten alle Zuckervorräte aufgebraucht hat. Die Glukoneogenese, also die Neuproduktion von Glukose aus Eiweißbausteinen, nimmt in den nächsten Tagen langsam, aber kontinuierlich ab. Entsprechend beginnt der Körper, sich verstärkt bei seinen Fettreserven zu bedienen. Per Lipolyse werden die gespeicherten Fette in Fettsäuren und Glyzerin gespalten. Aus den Fettsäuren bildet die Leber Ketone, mit deren Hilfe der Körper seinen Energiebedarf deckt. Diese Art der Energiegewinnung gewinnt kontinuierlich mehr Bedeutung. Hat der Körper am ersten Tag des Fastens lediglich zwei bis sechs Prozent des Energiebedarfs durch Ketonkörper gedeckt, steigt der Anteil nach drei Fastentagen bereits auf 30 bis 40 Prozent. Deswegen lesen Sie ab *Seite 35* noch mehr über diese Stoffe.

BITTE IN BEWEGUNG BLEIBEN

Walken, Radfahren, sanftes Joggen, Gymnastik oder Schwimmen lassen sich gut mit Easy-Fasten kombinieren. Die moderate Mus-

Tipp

Falls möglich, fangen Sie doch etwas später an zu frühstücken, das verkürzt die Phase bis zur nächsten Mahlzeit. Wenn sich der Nachmittag lange hinzieht oder wenn sich Hungergefühle oder Kopfschmerzen in den Vordergrund schieben, hilft Ablenkung durch Bewegung. Ein Spaziergang in der Natur verscheucht Müdigkeit und lenkt die Aufmerksamkeit weg von den eigenen Befindlichkeiten – vor allem, wenn Sie dabei die Sinne aktivieren. Möglicherweise tut Ihnen aber auch Yoga gut oder ein Spielenachmittag mit der Familie. Horchen Sie in sich hinein – jeder Mensch reagiert anders.

kelaktivität fördert die Gesundheit sogar. Kreislauf und Stoffwechsel kommen in Schwung, das wirkt Müdigkeit und Frösteln entgegen. Nach dem Sport fühlen Sie sich fitter und leistungsfähiger. Wichtig ist, auf die Signale des Körpers zu achten, um Kreislaufprobleme zu vermeiden, die durch die geringere Energiezufuhr beim Fasten und den niedrigeren Blutzuckerspiegel begünstigt werden. Also: Muskeln vor dem Sport etwas aufwärmen, keine Hochleistung abfordern und schnelle Positionswechsel vermeiden, wie sie beispielsweise beim Power-Yoga vorkommen. Bei Schwindelgefühlen den Sport sofort abbrechen. Mehr zum Thema »Scheinfasten und Sport« lesen Sie im Interview mit Yogatrainerin Nina Winkler ab *Seite 20*.

ESSEN MIT BEDACHT

Ernährungswissenschaftler propagieren seit Langem, dass langsam essen gut für Figur und Gesundheit ist. Beim Scheinfasten gilt dieser Rat sogar noch mehr. Nehmen Sie also eine kleine Portion auf die Gabel, kauen Sie gründlich und legen Sie das Besteck vor dem nächsten Bissen ruhig mal zur Seite. Das erhöht nicht nur den Genuss, es verstärkt auch den Sättigungseffekt.
In Studien zeigte sich zudem, dass der Körper beim Essen in Zeitlupe eine größere Menge des Sattmacherhormons Leptin freisetzt. Außerdem nimmt der Verdauungsapparat die Nährstoffe besser auf, wenn das Essen gründlich zerkleinert wurde – eigentlich logisch, oder? Wer langsamer isst, hat also mehr von seinen Portionen.

KAFFEE – NICHT VERBOTEN, NICHT EMPFOHLEN

Eigentlich ist Kaffee beim klassischen Fasten tabu. Easy-Fasten ist hier nicht so streng: eine Tasse pro Tag ist okay, selbstverständlich frei von Milch und Zucker. Das hilft Menschen, die ohne den gewohnten Muntermacher mit Kopfschmerzen zu kämpfen haben. Auch bei Hungergefühlen kann eine Tasse schwarzer Kaffee oder Espresso, bewusst genossen, dienlich sein. Das Koffein zügelt den Appetit etwas. Womöglich unterstützt das Heißgetränk sogar die begehrte Autophagie: An der Uni Graz fanden Wissenschaftler heraus, dass Kaffee bei Mäusen das Zellrecycling in Leber, Skelettmuskulatur und Herz ankurbelt.

Tag 3 – ran ans Eingemachte

Fastenstoffwechsel? Läuft bei mir. Beim sogenannten Metabolic Switch schaltet Ihr Körper heute vermutlich in den Fettverbrennungsmodus um. Dieser Wechsel in die Ketose verheißt eine Reihe von Benefits für die Gesundheit *(siehe Seite 17)*. Die Rezepte für Ihren dritten Fastentag finden Sie ab *Seite 98*.

Alle Zeichen stehen auf Fettverbrennung

Tag drei bricht an. Höchste Zeit für ein bisschen Selbstlob. Klopfen Sie sich für das Erreichte ruhig mal auf die Schulter. Das wird Ihnen guttun. Für positive Gefühle sorgen jetzt übrigens auch Ihre Hormone. Nach zwei oder drei Fastentagen sinkt nämlich in der Großhirnrinde die Dichte der Serotonin-Transporter. Das führt dazu, dass das Wohlfühlhormon Serotonin im synaptischen Spalt zwischen den Nervenzellen weniger schnell aufgenommen wird. Seine Konzentration bleibt also erhöht. Und das erklärt einen Teil der angenehmen Stimmung, die viele Menschen am dritten oder vierten Fastentag erfasst. Neben der Biochemie spielt die Psyche eine große Rolle. Das Serotonin-Hoch verbindet sich mit dem Erfolgserlebnis, den eigenen Lebensstil zum Besseren zu wenden, und der Freude, sich in einem biochemischen Verjüngungsprozess zu befinden.

WAS PASSIERT IM KÖRPER?

Der dritte Fastentag ist auch der Tag, an dem in Ihrem Körper Bedeutsames vonstattengeht. Experten bezeichnen diesen Vorgang als »Metabolic Switch«: Der Stoffwechsel greift nun auf seine eingelagerten Reserven zurück und verbrennt statt Kohlenhydraten vorrangig Körperfett. Dabei werden die Fettsäuren in der Leber zu sogenannten Ketonkörpern umgewandelt, also zu Aceton, Acetoacetat und Beta-Hydroxybutyrat (BHB). Die leicht transportablen und üppig zur Verfügung stehenden Energieträger gelangen mit dem Blut in alle Körperregionen, wo sie als Kraftstoff viele Organe versorgen. Das Gehirn profitiert ebenfalls von den kleinen, wasserlöslichen Verbindungen, wenn auch mit zeitlicher Verzögerung, weil es Glukose bevorzugt. Nach einer kurzen Anpassungsphase können Acetoacetat und BHB aber vom Oberstübchen aufgenommen und statt Kohlenhydraten als Hauptenergiequelle verwertet werden.

Info

Ähnlich wie die Muskulatur Phasen der Anspannung und Phasen der Regeneration benötigt, um leistungsfähig zu bleiben, braucht der Organismus die metabolische Flexibilität, um gesund und vital zu sein.

Ab jetzt läuft der Ketonstoffwechsel

Der Metabolic Switch von der Glukoseverbrennung in den Fett- und Ketonstoffwechsel zählt zu den wichtigsten Anpassungsreaktionen beim Fasten. Sie macht uns zeitweise unabhängig von Nahrungszufuhr, begleitete den Menschen durch seine Evolution und gehört heute noch fest zum Repertoire des Stoffwechsels. Viele gesundheitliche Benefits von Fasten und Scheinfasten haben mit den Ketokraftstoffen zu tun, speziell mit dem Beta-Hydroxybutyrat:

- *Ketone fördern das Recycling und die Reparatur defekter Zellbausteine, die sogenannte Autophagie (siehe Seite 13).*
- *Ketone wirken antioxidativ und entzündungshemmend.*
- *Ketone dämpfen Hungergefühle.*
- *Ketone stimulieren die Bildung des Wachstumsfaktors BDNF, der das Nervenzellwachstum in einer Hirnregion namens Hippocampus anregt, dem Tor zum Gedächtnis.*

Manche Experten sind davon überzeugt, dass der regelmäßige Wechsel zwischen Normalstoffwechsel und Ketonstoffwechsel entscheidend ist für lebenslange körperliche Gesundheit und geistige Fitness.

NEUER SCHWUNG FÜR DEN KREISLAUF

An den ersten Umstellungstagen ist es möglich, dass beim Scheinfasten kleinere Kreislaufprobleme auftreten. Typische Anzeichen für niedrigen Blutdruck sind Frösteln, Müdigkeit und Schwächegefühle. Wichtig ist dann, dass Sie ausreichend trinken: Das Wasser erhöht das Blutvolumen und damit den Blutdruck. Wechselduschen hilft, indem es dazu beiträgt, dass die Blutgefäße sich ausdehnen und zusammenziehen – so verbessert sich die Spannung innerhalb der Gefäße. Kräftiges Bürsten beim Duschen verstärkt diese Wirkung noch. Natürlich kurbelt auch Bewegung den Kreislauf an.

NICHT JEDER MENSCH IST GLEICH

Die Biologie des Fastens ist bei allen Menschen gleich, allerdings kann der zeitliche Ablauf der Stoffwechselreaktionen variieren. Gene, Alter, Gewicht, Ernährung und Geschlecht können Prozesse beeinflussen. Manche Erkenntnisse stammen aus Tierversuchen; deshalb lassen sich die Abläufe beim Menschen nicht auf die Stunde genau taxieren. Es kann aber davon ausgegangen werden, dass die Zellregeneration an Tag drei auf ihren Höhepunkt zusteuert: Die Konzentration an Ketonen im Blut steigt weiter an und die Produktion des appetitanregenden Hormons Ghrelin nimmt weiter ab.

Nachgefragt – Teil 1

Sie fürchten, bei der Zusammenstellung Ihres Essplans und bei der Auswahl der richtigen Lebensmittel Fehler zu machen und damit den Erfolg Ihrer Scheinfastentage zu gefährden?
Um Ihnen diese Sorgen zu nehmen, beantworten wir hier und auf *Seite 41* in Kürze noch einmal einige wichtige Fragen.

KANN ICH GERICHTE FÜR MEINE SCHEINFASTENWOCHE VORKOCHEN?

Ja, eine gute Idee. Je mehr Mahlzeiten Sie für die Scheinfasten-Wochen vorplanen und vorkochen, desto weniger Zeit verbringen Sie während der Diät in der Küche – und desto weniger Versuchungen sind Sie ausgesetzt. Meal Prepping (von engl. meal = Mahlzeit und preparation = Vorbereitung) ist ohnehin Trend und eignet sich prima für Suppen, Currys oder Eintöpfe mit Gemüse. Salate sind zum Vorbereiten nicht ideal, weil sie zusammenfallen. Wenn Sie Salatzutaten und Dressing jedoch getrennt zubereiten und erst kurz vor dem Essen mischen, können Sie auch Salat vorbereiten. Wenn Sie für mehr als drei Tage vorkochen, sollten Sie die Gerichte besser einfrieren. Verwenden Sie Boxen mit unterteilten Fächern, um die einzelnen Bestandteile eines Gerichts voneinander trennen zu können.

WAS PASSIERT, WENN ICH MEHR HAUPTNÄHRSTOFFE ZU MIR NEHME ALS ERLAUBT?

Wenn Sie bei den Proteinen oder den Kohlenhydraten über der erlaubten Dosis liegen, wird die Ketose verzögert oder verhindert. Zu viel Protein verhindert vermutlich überdies, dass der IGF-1-Spiegel *(siehe Seite 13)* absinkt. Lediglich beim Fett dürfte ein kleines Plus keinen Schaden anrichten. Allerdings: Fettlieferanten wie Oliven, Avocados oder Nüsse liefern viel Energie. Und wer über die 1100 Kilokalorien (Tag 1) beziehungsweise 800 Kilokalorien (Tag 2–5) hinausschießt, blockiert die Autophagie. Es ist also durchaus sinnvoll, sich möglichst genau an die erprobten Werte zu halten. Mit den Rezepten *ab Seite 59* geht das ganz automatisch.

Tag 4 – Caveman-Modus

Heute haben Sie das Gipfelplateau erreicht. Genießen Sie die Aussicht, selbst wenn sich der Körper ein bisschen müde anfühlen mag. Wohlfühlgerichte wie »Asia-Gemüsenudeln mit Erdnusssauce« bringen Sie bestimmt wieder in Schwung. Die Rezepte für Ihren vierten Fastentag finden Sie ab *Seite 118*.

Auf dem Gipfelplateau

Wer zum ersten Mal scheinfastet, den erwartet in der Regel spätestens am vierten Tag eine überraschende Erfahrung. Es ist das paradoxe Gefühl, kaum Hunger zu verspüren, obwohl man seinen Teller seit Tagen nur mit vergleichsweise überschaubaren Portionen füllt. Der Grund? Zum einen ist es die clevere Auswahl an Lebensmitteln mit hohem Sättigungsgrad: allen voran ballaststoffreiches und wasserspendendes Gemüse, das den Magen kalorienarm füllt. Vor allem aber ist es das Retroprogramm des Stoffwechsels, das jetzt die Herrschaft übernommen hat. Ihr Stoffwechsel ist quasi im Caveman-Modus: Er glaubt, dass die letzten Mammutknochen abgenagt sind und Sie ermattet in der Höhle abhängen. Damit Sie wieder auf die anstrengende Pirsch gehen können, mobilisiert er alle Kräfte. Konzentration und Sinne sind geschärft und der Körper ist bereit für Großes.

GUTER ATEM TROTZ KETOSE

Manche Fastenprofis warten schon auf dieses Ereignis: Riecht meine Atemluft heute irgendwie fies? Der süß-saure Geruch nach Azeton, ähnlich wie Nagellack oder gärende Äpfel, verrät, dass sich der Körper auf Ketose umstellt. In diesem Stoffwechselmodus kommt es zu einem erhöhten Abbau von Fettsäuren zu Ketonkörpern. Eines dieser Ketone ist Aceton. Seine Ausscheidung führt zu einem unangenehmen Geruch von Atemluft und Urin. Der schlechte Atem ist also ein Zeichen, dass das Fasten Erfolg hat. Trotzdem möchte niemand gerne einen gasförmigen Abstandshalter verströmen. Und tatsächlich können Sie etwas für besseren Atem tun. Hilfreich ist zunächst eine gute Basis-Mundhygiene. Zähneputzen nach jedem Essen, viel Wasser trinken und zuckerfreie Kaugummis zwischendurch erfrischen den Atem und verhindern Zahnbeläge, die das Problem verstärken. Zusätzlich hilft das Kauen von Petersilie oder Minze gegen den Mundgeruch.

WAS PASSIERT IM KÖRPER?

Ab dem vierten Tag boomen Fettverbrennung und Autophagie für gewöhnlich. Die Levels an Wachstumshormon IGF-1, Glukose und Insulin hingegen verharren auf niedrigem Niveau. Diese Konstellation führt dazu, dass der Körper im Zellschutz- und Erneuerungsmodus bleibt. Wie sich diese Veränderungen langfristig auf die Gesundheit auswirken, hat Scheinfasten-Erfinder Valter Longo in Mäusestudien dokumentiert. Nager, die zweimal monatlich für jeweils vier Tage eine Scheinfastendiät einhielten, verjüngten Immunsystem, Leber, Muskeln und Gehirn dank eines auf Stammzellen gestützten Regenerationsprozesses *(siehe Seite 18)*.

SCHLAFEN SIE GUT!

Wer weniger isst, braucht oft mehr Schlaf. Die Umstellung des Stoffwechsels, aber auch die leichte Stressreaktion auf das Kalorienminus können das Bedürfnis nach Nachtruhe erhöhen. Gönnen Sie sich den Extraschlummer. Zumal guter Schlaf das Fasten unterstützt. Das Hormon Leptin, das im nächtlichen Stand-by-Modus in den Fettzellen produziert wird, vermittelt über den Hypothalamus im Zwischenhirn ein Sättigungsgefühl. Niedrige Leptinwerte hingegen signalisieren dem Gehirn, dass Energie knapp wird, was den Appetit steigert. Manche Forscher glauben, dass sich weniger als sieben Stunden Schlaf negativ auf den Leptinspiegel und das Hungergefühl tagsüber auswirken. Einigen Menschen erschwert ein halbleerer Magen das Einschlummern. Andere wachen früher als gewöhnlich auf. Immer wieder berichten Fastende auch, dass sie intensiver träumen und sich leichter an die Fantasiereisen erinnern. Das hängt damit zusammen, dass die Betreffenden weniger tief schlummern und deshalb leichter in die Regionen unterhalb der Wachschwelle vorstoßen. Nehmen Sie solche Reaktionen als natürliche Antwort des Körpers an, sofern Sie gut damit zurechtkommen. Problematisch wird schlechtes Einschlafen, wenn sich ein Gedankenkarussell in Gang setzt. Dann steigt die innerliche Anspannung und das Sandmännchen wird erst recht abgeschreckt. Helfen können Entspannungsverfahren wie Autogenes Training oder Meditation. Diese Übungen wirken allerdings nicht von jetzt auf gleich, man braucht etwas Routine.

Tipp

Bei Einschlafproblemen kann eine Übung aus der kognitiven Verhaltenstherapie Wunder wirken. Sagen Sie sich »Pause!« und lenken Sie Ihre Gedanken auf etwas Schönes oder auch auf Belangloses: etwa die angenehme Erinnerung an den letzten Urlaub.

Nachgefragt – Teil 2

Sie fürchten, bei der Zusammenstellung Ihres Essplans und bei der Auswahl der richtigen Lebensmittel Fehler zu machen und damit den Erfolg Ihrer Scheinfastentage zu gefährden?
Um Ihnen diese Sorge zu nehmen, beantworten wir hier und auf *Seite 37* in Kürze noch einmal einige wichtige Fragen.

KANN ICH MIR AUCH EIGENE REZEPTE AUSDENKEN?

Ja, das funktioniert. Alles, was Sie dazu brauchen, ist eine Nährwert-Kalorien-Tabelle aus dem Buchhandel und eine Küchenwaage. Das Nachschlagewerk liefert Ihnen für Hunderte von Lebensmitteln exakte Angaben unter anderem zu Kalorien, Fett und Fettsäuren, Kohlenhydraten und Eiweiß. Achten Sie darauf, dass die Tabellen Kohlenhydrate nach Zucker und Ballaststoffen aufschlüsseln. Anhand der Nährwertvorgaben, die Sie in diesem Buch kennengelernt haben, können Sie dann Ihre eigenen veganen Rezepte zusammenstellen. Eine Küchenwaage hilft beim präzisen Ausbalancieren der Ingredienzien. Verteilen Sie die Zutaten entweder auf Frühstück, Mittag- und Abendessen oder auf zwei Mahlzeiten plus einen Snack wie zum Beispiel ein paar Oliven oder einen Nussriegel.

BRAUCHE ICH NAHRUNGSERGÄNZUNGSMITTEL?

Die ProLon®-Fastenbox *(siehe Seite 15)* enthält eine Multivitamintablette, eine Algenölkapsel sowie einen Energiedrink aus pflanzlichem Glyzerol, das Muskelmasse erhalten und Flüssigkeitsverlust verhindern soll. Auch auf manchen Scheinfasten-Blogs findet sich die Empfehlung zu Supplementen. Wir raten dennoch davon ab. Unsere Rezepte enthalten ausreichend Vitamine, Mineralstoffe und Spurenelemente. Menschen, die sich allerdings auch außerhalb der Fastenwoche vegan ernähren oder auf Fisch verzichten, riskieren einen Mangel an B-Vitaminen (vor allem Vitamin B_{12}, aber auch B_2), beziehungsweise an den Omega-3-Fettsäuren DHA (Docosahexaensäure) und EPA (Eicosapentaensäure). Sie sollten sich mit einem Arzt oder Ernährungsspezialisten abstimmen.

Tag 5 – Fi-na-le!

Wie so oft kommt das Beste zum Schluss: Das Fasten-High trägt Sie heute die letzten Meter ins Ziel. Genießen Sie noch einmal unsere zellschützenden Fastengerichte – wie wäre es etwa mit einer »Mediterranen Gemüsepfanne«? Die Rezepte für Ihren fünften Fastentag finden Sie ab *Seite 136*.

Auf Sparflamme ins Glück

Ein Tusch für Sie! Der letzte Tag der Scheinfastenwoche ist erreicht. Sie haben es beinahe geschafft! Die meisten Fastenden schwärmen von der Energie und Leistungsfähigkeit, die einen durch die letzten beiden Tage der Diät tragen. Dahinter steckt ein Phänomen, das Psychologen als »Selbstwirksamkeit« bezeichnen. Es beschreibt das gute Gefühl, für die Fastenzeit wieder einmal die Kontrolle über sein Verlangen zurückerobert zu haben, statt – wie im Alltag üblich – hauptsächlich von den Reizen und Einflüssen der Umwelt bestimmt zu werden.

HORMONSCHUB INS FASTEN-HIGH

Auch die Neurobiologie hat eine Erklärung für die guten Gefühle: Bei längerem Nahrungsentzug erhöht das Gehirn die Produktion des Glücksbotenstoffs Serotonin. Zugleich verweilt das Hormon länger im Blut. Es kommt zum berühmten Fasten-High. Auch körpereigene Opioide werden vermehrt ausgeschüttet. Hinter diesem aufheiternden und schmerzstillenden Cocktail steckt keine Laune der Natur, sondern ein evolutionär verankertes Überlebensprogramm: Der Hormonstoß aktivierte unsere Ahnen in Hungerzeiten, keine Mühe zu scheuen und energiegeladen auf die Jagd zu gehen.

WAS PASSIERT IM KÖRPER?

Autophagie und Fettverbrennung laufen nun mit höchster Intensität, bis diese Prozesse durch die Aufnahme von Kohlenhydraten oder tierischen Proteinen wieder gestoppt werden. Das Fehlen von Wachstumssignalen aktiviert »schlafende« Stammzellen, beispielsweise des Immunsystems. Auf diese Weise bereiten sich die Super-Zellen darauf vor, ältere und beschädigte Abwehrzellen zu ersetzen, die in den vergangenen Tagen per Autophagie entsorgt worden sind. Diese Verjüngung geschieht, sobald es wieder zu vermehrter Nahrungsaufnahme kommt – und das nicht nur im Immunsystem, sondern in allen Geweben und Organen des Körpers.

JÜNGER, SCHÖNER, FITTER?

Womöglich haben Sie in den vergangenen Tagen etwas Gewicht verloren, selbst wenn Scheinfasten streng genommen keine Reduktionsdiät ist. In erster Linie geht es um die zelluläre Verjüngung und das Verbessern von wichtigen Gesundheitsmarkern wie Blutdruck, Blutfettwerten und Blutzucker. Vielleicht hat sich auch Ihr Hautbild verbessert? Viele Fastende machen diese angenehme Erfahrung. Der niedrige Blutzucker- und Insulinspiegel bremste während des Fastens die Produktion des Wachstumshormons, das die Talgproduktion der Haut anregt. Weniger Talg bedeutet weniger Hautunreinheiten.

GUTE AUSSICHTEN

Oder verlief die Woche doch etwas holpriger als gedacht? Dann denken Sie daran, dass das Kalorienknausern mit jedem Scheinfastenzyklus leichter fällt. Zum einen, weil die Anpassungsreaktion des Körpers besser wird: Seine metabolische Flexibilität wächst, er schaltet schneller von der Glukoseoxidation in den Fettstoffwechsel. Und zum anderen, weil man bei der zweiten oder dritten Wiederholung die kleinen Stolpersteine kennt, die den Fastenerfolg gefährden können – wie etwa die Idee, ausgerechnet an dem Tag mit den Kollegen in die Kantine zu gehen, an dem es dort das Leibgericht gibt.

Lernen für die nächste Runde

Damit Sie die eigenen Fastenerfahrungen oder auch hilfreiche Tipps von Mitstreitern und Mitstreiterinnen beim nächsten Scheinfastenzyklus nicht vergessen, finden Sie auf der folgenden Seite Platz für Notizen. Vielleicht haben Sie aber auch persönliche Hacks entdeckt, die das Kalorienknausern unerwartet erleichterten? Etwa dass eine Tasse Kaffee – schwarz genossen – die Kopfschmerzen am zweiten Fastentag im Nu vertrieb? Oder dass die Minestrone aus Ihrer Lieblingsporzellanschale gelöffelt noch besser schmeckte und so die Konzentration auf die Gaumenfreude erhöhte? Auch hier: Notiz fürs nächste Mal!

APROPOS ACHTSAMKEIT

Übrigens: Selbst diese besondere Form der Aufmerksamkeit hat ihren Platz beim Scheinfasten, wie Sie bestimmt bemerkt haben. Und das liegt noch nicht mal im Sinn des Erfinders. Denn die Theorie hinter der fastenimitierenden Diät beruht auf staubtrockener Biochemie. Psychologische oder gar spirituelle Aspekte, wie man sie von anderen Fastenformen kennt, kommen in den klinischen Studien zu dieser Ernährungsweise nicht vor. Und dennoch geht die Praxis mit einem veränderten Bewusstsein für Essen einher. Angesichts der überschaubaren Portionen nimmt der Fastende automatisch kleinere Häppchen auf die Gabel. Man kaut langsamer, schmeckt genauer. Weil man weiß, dass die Kalorien abgezählt sind, wird das Vorhandene umso mehr genossen.

Weniger ist mehr

Diese Achtsamkeit enthält Lektionen für das zukünftige Essverhalten, die Sie nutzen sollten. Eine lautet: Weniger ist mehr. Eine zeitweise Einschränkung der Portionen kann ein Gewinn sein, weil die Reduktion das Vergnügen am Essen erhöht. Das intensivere Erleben wiederum ist der Schlüssel für mehr Wohlbefinden im Alltag. Keine schlechte Bilanz also: Scheinfasten, das als lebensverlängernde Diät antritt, erhöht zugleich auch die Lebensqualität!

Ihr Scheinfasten-Tagebuch

Wie ging es Ihnen in dieser Fastenwoche? Was half Ihnen durch das eine oder andere kleine Tief hindurch? Welche Gerichte schmeckten Ihnen besonders gut? Notieren Sie hier Ihre Erfahrungen – oder downloaden Sie Ihr persönliches Scheinfasten-Tagebuch *(siehe Seite 160)*. Das wird Ihnen bei Ihrem nächsten Scheinfasten-Zyklus den Einstieg und das Durchhalten erleichtern.

Und danach?

Glückwunsch! Sie haben die 5-Tages-Kur erfolgreich zu Ende gebracht. Genießen Sie den Aufbautag ganz bewusst. Im letzten Kapitel vor dem Rezeptteil dieses Buches erfahren Sie, wie Sie auch den sogenannten Transition Day und die Zeit danach erfolgreich gestalten und den Jo-Jo-Effekt vermeiden können.

Übergang – Worauf ist zu achten?

Irgendwie leichter, fitter, fast ein bisschen wie neugeboren: Mit diesem tollen Gefühl sind Sie vermutlich heute erwacht. Und womöglich auch mit einem Jieper auf ein klassisches Frühstück. Kaffee, Müsli und etwas Obst – ein Genuss, der in den vergangenen Tagen zu kurz kam. Nach der Scheinfastenwoche steht nun ein entspannter Übergang an. Ziel ist, den Organismus am ersten Tag mit leichter Kost an eine normale Energiezufuhr heranzuführen. Der Stoffwechsel muss sich nicht mehr bei den Körperreserven bedienen, er darf sozusagen wieder an den Kühlschrank.

NICHT GLEICH ÜBERTREIBEN

Etwas Augenmaß ist allerdings noch nötig. Beschränken Sie die Energiezufuhr am Übergangstag auf maximal 1800 Kilokalorien, um den Verdauungsapparat nicht zu stressen. Am Tag nach dem heutigen Transition Day dürfen Sie die Kalorienlupe dann wieder wegräumen und sich beim Essen nach Ihrem individuellen Energiebedarf richten. Um Kohlenhydrate mit hohem glykämischen Index wie weißen Reis, Kartoffeln, Nudeln oder Toast sollten Sie in den nächsten zwei, drei Tagen allerdings noch einen Bogen schlagen. Direkt nach dem Fasten konsumiert, wandern die schnellen Carbs sonst schnurstracks in die Fettdepots. Der Grund: Die Muskeln sind fastenbedingt noch insulinresistent und können den anströmenden Zucker nicht aufnehmen. Also zum Frühstück statt Marmelade, Schokomüsli oder Zimtschnecke lieber Chia-Pudding oder Haferflocken mit Quark und Beeren genießen. In den darauffolgenden Tagen dürfen Sie sich dann wieder mehr Kohlenhydrate auf den Teller holen.

EIWEISS IN KLEINEN PORTIONEN

Scheinfasten-Erfinder Valter Longo rät, in den ersten 24 Stunden nach Fastenende noch auf Fleisch, Käse, Fisch und Milch zu verzichten. Allerdings sind kleine Portionen von tierischem Eiweiß durchaus hilfreich, wie die Ernährungswissenschaftlerin und Low-Carb-Expertin Franca Mangiameli betont. Die Proteine aktivieren das Enzym mTor, eine Schaltzentrale in den Zellen, die Aufbauprozesse stimuliert *(siehe Seite 13)*. Beim Fasten wurde dieser Signalweg gezielt heruntergefahren – gewünscht war Regeneration, nicht Wachstum. Deshalb die vegane Ausrichtung der Diät. Die proteinarme Kost führte dazu, dass der Körper nicht benötigte und krankhafte Zellteile abgebaut und anderweitig verwertet hat. Doch nun soll die Selbsterneuerung mithilfe der beim Fasten aktivierten Stammzellen ja wieder in Gang kommen. Und dafür braucht es Proteine.

Achten Sie also darauf, dass Sie heute und in den nächsten Tagen gelegentlich eine kleine Portion dieses Aufbaunährstoffs zu sich nehmen. Das klappt auch ohne detaillierten Essplan, Möglichkeiten gibt es viele: ein Becher Joghurt oder paar Scheiben gekochter Schinken zum Frühstück, mittags eine kleine Hähnchenbrust oder etwas Seelachs, abends ein Stück Käse oder ein Eierbrot. Diese Lebensmittel setzen den mTor-Schalter wieder in den On-Modus. Und das aktiviert schlummernde Stammzellen, neue Strukturen aufzubauen und die Gewebe und Organe des Körpers mit frischen Zellen aufzufüllen. Dieser Prozess birgt enorme therapeutische Potenziale: Neue Nervenzellen sprießen, die Müskelchen wachsen, die Haut regeneriert sich, das Immunsystem erhält Nachschub an frischen Abwehrhelfern – ein Boost für den gesamten Organismus!

EINE FRAGE VON GEWICHT

Und ... was sagt die Waage? Wie viel Pfunde haben Sie in den vergangenen Tagen verloren? Zwei Kilo? Drei oder mehr? Viele Fastenärzte betonen zwar, dass Abnehmen nicht die Hauptmotivation für die Esspause sein sollte. Doch bei vorhandenem Übergewicht und wenn keine Essstörungen vorliegen, spricht nichts dagegen – ganz im Gegenteil. Wichtig ist nur, den Jo-Jo-Effekt zu vermeiden. Der droht, weil der Grundumsatz gesunken ist und der Körper weniger Energie benötigt, um seine Funktionen aufrechtzuerhalten. Wer jetzt genauso viel isst wie vor dem Fasten oder sich weniger bewegt, hat die Pfunde schnell wieder an der Backe.

FLÜSSIGE AUFBAUHILFE

Falls Sie trotz diszipliniertem Neustart wieder ein oder zwei Pfunde zulegen, seien Sie bitte nicht enttäuscht. Das liegt am Wasserhaushalt. Ein Teil des Gewichtsverlusts beim Scheinfasten hing nämlich damit zusammen, dass der Körper beim Abbau von Glykogen und Eiweiß das in den Energiedepots gebundene Wasser freigesetzt und über die Nieren ausgeschwemmt hat. Füllen sich nun die Glykogenspeicher erneut, wird Wasser im Körper gebunden. Trotzdem sollten Sie viel trinken. Auf Limonade und Alkohol aber bitte noch verzichten.

Info

Direkt nach dem Fasten bauen die Muskelzellen Aminosäuren aus der Ernährung besonders effektiv in ihre Struktur ein. Wer also am sechsten Tag seine Kraftsparkassen etwa beim Pilates oder Gewichtstraining aktiviert und danach etwas Eiweißreiches zu sich nimmt, kommt in den Genuss des Boostereffekts für die Muskulatur.

Der Neustart nach dem Fasten

Essen auf Sparflamme ist nun vorbei – und wie geht's weiter? Ähnlich wie klassische Fastenkuren bietet Scheinfasten die Chance auf einen Reset der Ernährungsgewohnheiten:

~ *Die Kalorienrestriktion schärft die Wahrnehmung für Körpersignale wie Hunger, Sättigung und Appetit.*
~ *Die pflanzlichen Genüsse erhöhen das Bewusstsein für eine kluge, gesunde Ernährung.*

Und das Ganze sogar mit Wiederholungsgefahr: Denn das sanfte Kurzfasten ist so designt, dass es mühelos vier- oder fünfmal im Jahr wiederholt werden kann. Sozusagen ein Jo-Jo-Effekt der positiven Art.

DAUERHAFT GESUND GENIESSEN

Nutzen Sie also diese wertvollen Impulse, um auch zwischen den Scheinfastenzyklen gesund zu essen. Die Ernährungsforschung weiß heute ziemlich genau, welche Nahrungsmittel vor Herz-Kreislauf-Beschwerden, Krebs, Demenz, Diabetes mellitus oder anderen Erkrankungen schützen. Machen Sie sich diese Erkenntnisse zunutze. Die Topstars unter den Lebensmitteln für Ihre Scheinfastentage stellen wir Ihnen ab *Seite 53* vor. Aber natürlich sind diese Superfoods auch in der Zeit zwischen Ihren Fastenzyklen echte Gesundheitsbooster.

VITALKUR FÜR DEN ALLTAG – ACHT HILFREICHE REGELN

Nun möchten wir Ihnen noch die acht wichtigsten Essregeln für ein langes Leben in bester Gesundheit ans Herz legen. Es sind Ernährungsstrategien, mit denen Sie nach den Fastentagen Ihr Gewicht halten und den Jungbrunneneffekt in den Alltag holen – auch mit ganz normalen Portionen.

1. Ran an die Karotte

Reservieren Sie regelmäßig etwa die Hälfte des Esstellers für Tomaten, Auberginen, Brokkoli, Spargel, Kürbisse, Spinat und weitere Artgenossen aus dem Gemüseregal. Wer einen ansehnlichen Teil der Mahlzeit mit feinem Grünzeug bestreitet, lädt seine Zellen mit einem Cocktail an Vitaminen, Mineralstoffen, Spurenelementen sowie sekundären Pflanzenstoffen auf. Zudem beugen die kalorienarmen und ballaststoffreichen Lebensmittel Übergewicht vor. Mindestens drei Portionen Gemüse und Salat (rund 400 Gramm) empfehlen Experten täglich, dazu zwei Handvoll Obst (etwa 250 Gramm).

2. Nehmen Sie Ballast auf

Wer tüchtig zu Gemüse und Obst greift, ist gut versorgt mit Ballaststoffen. Gut so! Die kaum verdaulichen Pflanzenfasern sind einer der wertvollsten Nahrungsbestandteile und dienen der Gesundheit mehrfach. So verzögern sie beispielsweise den Übertritt von Zucker ins Blut. Das reguliert den Blutzuckerspiegel und entlastet die Gefäße. Zudem wirken sich lösliche Ballaststoffe günstig auf den Cholesterinspiegel aus, indem sie im Dünndarm Gallensäure binden und mit dem Stuhl nach draußen befördern. Für die Neubildung der Gallensäure wird körpereigenes Cholesterin verwendet, das senkt die Blutfettwerte. Eine Metaanalyse der Universität in Dunedin (Neuseeland) stellte fest: Wer fleißig zu dem Faserfutter greift, senkt sein Risiko für Zivilisationsleiden wie Schlaganfälle oder Krebs um bis zu ein Drittel. Experten empfehlen, mindestens 30 Gramm Ballaststoffe pro Tag aufzunehmen. Besonders reich an diesen Gesundheitshelfern sind unter anderem:

~ *Haferflocken (10 Gramm Ballaststoffe pro 100 Gramm)*
~ *Roggenvollkornbrot (8 g/100 g)*
~ *Linsen (17 g/100 g)*
~ *Blaubeeren (5 g/100 g)*
~ *Äpfel (2 g/100 g)*

Weitere Beispiele finden Sie in der Ballaststofftabelle auf der vorderen Innenklappe dieses Buches.

3. Den Ölwechsel machen

Bei Fetten und Ölen ist Abwechslung der Trumpf. Und zwar nicht bloß aus Gründen des Geschmacks, sondern auch für die optimale Versorgung mit unterschiedlichen Nährstoffen. Sonnenblumen- oder Maiskeimöl etwa punkten einerseits mit essenziellen Omega-6-Fettsäuren, die der Körper nicht selbst herstellen kann und die an Wachstums- und Reparaturprozessen beteiligt sind. Andererseits fördert ein Zuviel an Omega-6-Fettbausteinen, die auch in rotem Fleisch und tierischen Fetten stecken, aber Entzündungen im Körper.

Beim Braten, Kochen oder für die kalte Küche sollten Sie also lieber zu Olivenöl, Rapsöl und Leinöl greifen. Mit ihrem hohen Anteil an Ölsäure oder Omega-3-Fettsäuren wirken diese Speiseöle entzündungshemmend. So senken sie das Risiko für Arteriosklerose, Herz-Kreislauf-Erkrankungen und andere ernährungsbedingte Beschwerden.

Info

Olivenöl gilt zu Recht als gesunder Allrounder in der Küche. Doch in der Gesundheitsbilanz liegt Rapsöl sogar noch ein paar Tröpfchen vorn. Es enthält fast so viel wertvolle Ölsäure wie Olivenöl, moderat Linolsäure und vor allem deutlich mehr alpha-Linolensäure. Diese wird im Körper zum Teil in die Omega-3-Fettsäuren DHA und EPA umgewandelt, die entzündungshemmend wirken und Herz und Kreislauf schützen.

4. Die Carbs zählen

Wer für einen Halbmarathon trainiert oder als Gerüstbauer arbeitet, darf diesen Abschnitt überspringen. Muskelarbeitern machen Reis, Kartoffeln, Pasta oder Backwaren figurtechnisch wenig aus, weil ihre Kraftsparkassen die Kohlenhydrate als leicht zugängliche Energiequelle nutzen. Bürohelden und Couchpotatoes hingegen sollten bei Nahrungsmitteln mit viel Zucker und Stärke vorsichtig sein. Überschüssige Carbs wandelt der Stoffwechsel in Körperfett um, sobald die Speicher in Muskulatur und Leber gefüllt sind. Zudem begünstigt die ständige Zufuhr von Lebensmitteln, die auf Zucker basieren, eine Insulinresistenz. Bei dieser Stoffwechselstörung reagieren die Körperzellen nicht mehr sensibel auf die Schlüsselfunktion des Speicherhormons Insulin. Das führt häufig zu erhöhten Blutfetten, erhöhtem Blutdruck und später zu Diabetes Typ 2.
Tipp: Ersetzen Sie die 150 Gramm Pasta für eine Mahlzeit durch 50 Gramm Pasta und 100 Gramm Kichererbsen oder Bohnen.

5. Mit Abstand futtern

Die moderne Ernährungswissenschaft rät, auf Zwischenmahlzeiten zu verzichten und maximal dreimal am Tag zu essen. Einige Experten empfehlen sogar lediglich zwei Mahlzeiten. In den mehrstündigen Nüchternphasen kehrt der Blutzuckerspiegel zurück in den Normbereich, die Körperzellen reagieren wieder sensibler auf das Insulin, das den Zucker kontrolliert. So kann sich der Stoffwechsel verbessern. Zahlreiche beeindruckende Studien mit Mäusen dokumentieren, wie das intermittierende Fasten positiv auf Adipositas, Herz-Kreislauf-Erkrankungen, Typ-2-Diabetes, Entzündungszustände und sogar Demenz wirkt. Allerdings: Nicht jeder kommt gut damit zurecht, Frühstück oder Abendessen zu streichen. Am besten, Sie probieren einfach mal aus, ob Ihnen das temporäre Fasten behagt. Falls nicht, genügt es auch, wenn Sie zwei bis vier Mal im Jahr scheinfasten.

6. Weniger Steaks essen

Wer zu viel tierisches Eiweiß aus Rinderfilet, Hähnchenbrust, Salami oder Omelette konsumiert, altert schneller. Diese Theorie vertreten Langlebigkeitsforscher, die inzwischen verstärkt Proteine ins Visier nehmen. Ihre Begründung: Die eiweißreiche Kost erhöht den Level des insulinähnlichen Wachstumsfaktors IGF-1, eines Hormons, das die Zellteilung stimuliert und so die Alterung ankurbelt. Auch mit dem Krebsrisiko steht IGF-1 in Verbindung. Wie schädlich eine proteinreiche Diät sein kann, zeigt unter anderem eine epidemiologische Studie des Altersforschers und Scheinfasten-Erfinders Valter Longo an 6000 US-Bürgern. Demnach erhöht diese Ernährungsweise die Gesamtsterblichkeit um 75 Prozent und das Todesrisiko durch Krebs um das Drei- bis Vierfache, verglichen mit einer proteinarmen Langlebigkeitsdiät auf pflanzlicher Basis. Diese Anti-Aging-Diät deckte sich in vielen Punkten mit der verlockend leckeren mediterranen Ernährung. Sie setzt auf frisches Gemüse und Salate, fruchtiges Olivenöl, fangfrischen Fisch sowie auf eine breite Auswahl an Hülsenfrüchten, Getreideprodukten und Nüssen.

7. Das Darmmikrobiom füttern

100 Billionen Bakterien betreiben im menschlichen Verdauungstrakt eine regelrechte Pharmafabrik. Sie produzieren nützliche Botenstoffe, Vitamine, Milchsäure und andere Substanzen, die auf Immunsystem, Leibeswohl und Figur einwirken. Zu den wertvollsten Stoffen gehören Buttersäure und Propionsäure, zwei kurzkettige Fettsäuren, die die Darmbakterien aus den Ballaststoffen der Nahrung herstellen. Die antientzündlichen Substanzen gelangen über Darmschleimhaut und Blutkreislauf in den Körper, wo sie Rheuma, Asthma, Allergien und viele weitere Erkrankungen lindern, die mit Entzündungen einhergehen. Damit die Darmbakterien reichlich Gesundheitshelfer produzieren, brauchen sie regelmäßig Nachschub: etwa in Form von Naturjoghurt, Kefir, Sauerkraut und Buttermilch. In diesen fermentierten Milchprodukten stecken Milliarden von Milchsäurebakterien, die sich im Verdauungstrakt ansiedeln. Dort stärken sie die Darmbarriere, stimulieren das Immunsystem und hemmen die Zunahme von schädlichen Bakterien. Wachstum und Aktivität der Darmbakterien profitieren zudem von speziellen Ballaststoffen, die in Haferflocken, Spargel, Roggenbrot, Lauchgemüse oder Hülsenfrüchten und Wurzelgemüse wie Topinambur und Pastinaken stecken.

8. Spaß am Essen haben

Zu einer gesunden Ernährung gehört Wohlbefinden durch Genuss. Das Selberkochen mit hochwertigen Lebensmitteln, die sinnliche Wahrnehmung der Aromen sowie das gesellige Mahl in fröhlicher Runde: All das erhöht die Lebensfreude und baut schädlichen Stress ab. Wer in der Küche vorwiegend mit saisonalen Produkten arbeitet, steigert überdies Vorfreude und Abwechslung – zwei wichtige Bedingungen für Genuss. Selbst das Figurhalten fällt beim Selberkochen leichter. Denn bei frischem Essen tritt das Sättigungsgefühl deutlich früher ein als bei überwürzten Fertiggerichten, die im Stakkato verschlungen werden. Zeitmangel ist kein Gegenargument. Für eine nahrhafte und vitaminreiche Suppe brauchen Sie nicht mehr als 20 Minuten Zeit und einen Pürierstab. Wie wäre es zum Beispiel mit der Pilzsuppe mit Pistazien von *Seite 122?*

Die Topstars

Beim Scheinfasten kommt nur das Beste auf den Tisch, was die Pflanzenwelt zu bieten hat: stärkearmes Gemüse, leichte Salate, Öle und Nüsse mit gesunden Fetten sowie kleine Portionen Beeren mit wenig Zucker. Genießen Sie die Vielfalt dieser Lebensmittel – nicht nur während Ihrer Fastentage. Neun ausgewählte Scheinfasten-Superfoods stellen wir Ihnen nun etwas näher vor. Aber die Liste der Easy-Fasten-Stars ist lang: Auch Grünkohl, Spinat, Paprika, Spitzkohl und viele andere könnten den hier genannten ebenbürtig Gesellschaft leisten.

01 AVOCADOS

Die hippe Butterfrucht, die wie Gemüse schmeckt, aber ins Obstregal gehört, zählt zu den wichtigsten Nährstofflieferanten beim Easy-Fasten. Bei gerade mal 1,4 Gramm Zucker pro 100 Gramm liefert ihr Fruchtfleisch bis zu 25 Prozent Fett – vor allem die einfach ungesättigten Fettsäuren, die als gesunde Energiespender beim sanften Fasten dienen. Kleiner Wermutstropfen sind die mitgelieferten Kalorien. Eine normal große Avocado enthält mehr als 220 Kilokalorien – es gilt also, die köstliche Guacamole von *Seite 102* ganz bewusst zu genießen.

02 BLAUBEEREN

Mit etwa 7 Gramm Zucker und rund 42 Kilokalorien pro 100 Gramm zählen die Sommerfrüchtchen zu den Low-Carb-Goodies in Sachen Obst. Sie beeinflussen den Blutzuckerspiegel kaum und tragen mit einer hohen Dichte an Ballaststoffen zur Sättigung bei. Zudem punktet das heimische Superfood mit Vitamin C, Kalium, Zink, Folsäure und Eisen. Ebenfalls interessant zu wissen: Mit 2,7 Gramm Zucker bringen Brombeeren sogar noch weniger Süße ins Spiel.

03 HIMBEEREN

Ähnlich wie Blaubeeren oder Brombeeren zählen die pelzigen Minis zum zuckerarmen Du-darfst-Obst. Gerade mal 4,8 Gramm Süße auf 100 Gramm bringen die Sommerfrüchte mit, das macht sie zum perfekten Topping. Mit fünf Gramm Ballaststoffen pro 100 Gramm und einem Wassergehalt von 85 Prozent sättigen Himbeeren zudem erstaunlich gut. Nicht zu vergessen: Bereits 100 Gramm der Früchtchen decken ein Viertel des Tagesbedarfs an Vitamin C.

04 BLUMENKOHL

Ein Kohlkopf als Reis serviert? Das funktioniert nicht nur, es schmeckt auch köstlich, wie unser Blumenkohl-Risotto mit Tomaten und Pilzen von *Seite 94* beweist. Dieser moderne Low-Carb-Klassiker ist der enormen Vielseitigkeit des Blumenkohls zu verdanken und natürlich seinem geringen Anteil an Kohlenhydraten von gerade mal 2,3 Gramm pro 100 Gramm. Seine feine Zellstruktur macht dieses Superfood zudem besonders magenmild.

05 BROKKOLI

Der Kreuzblütler ist ein idealer Kandidat für die Scheinfastenküche. Gerade mal 3 Gramm Kohlenhydrate und nur 26 Kilokalorien pro 100 Gramm bringt das grüne Gemüse auf die Waage. Da merkt der Blutzuckerspiegel kaum, dass es Essen gab. Zugleich füllt Brokkoli den Magen mit Volumen – das macht nachhaltig satt. Ebenfalls praktisch: Das milde Kohlgemüse ist im Handumdrehen gedünstet oder gedämpft. Wie wäre es mit dem Taboulé mit Brokkoli von *Seite 68?*

06 OLIVEN

Die Früchte des Olivenbaums und ihr Öl bilden eine der wichtigsten Energiequellen beim Easy-Fasten. Sie sind mit 0,8 Gramm Eiweiß pro 100 Gramm arm an Proteinen, liefern aber viele gesunde Fette in Form von Ölsäure, einer einfach ungesättigten Fettsäure. Zu den inneren Werten zählen etliche sekundäre Pflanzenstoffe wie das Hydroxytyrosol, eine Substanz aus der Familie der Polyphenole. Der Naturstoff gilt jüngerer Forschung zufolge als einer der stärksten Zellschützer überhaupt.

07 NÜSSE

In der Originalversion der fastenimitierenden Diät starten die Fastentage morgens mit einem Nussriegel. Kein Zufall: Nüsse sind zuckerarm, enthalten in der Regel nur wenige Kohlenhydrate, dafür aber reichlich gesunde Fette in Form von einfach und mehrfach ungesättigten Fettsäuren. Bereits eine kleine Menge der Kraftpakete wirkt Hungerattacken entgegen. Bei der Minidosis sollte es auch bleiben: Sonst machen die rund 600 Kilokalorien pro 100 Gramm einen Teil des Fastenerfolgs zunichte.

08 PILZE

Der pikante Geschmack gebratener Champignons ist eine wertvolle Bereicherung für die Scheinfastenküche: gerade weil die üblichen Lieferanten der herzhaften Geschmacksrichtung »umami«, Fleisch und Käse, tabu sind. Daneben versorgen uns die mit 0,5 Gramm Kohlenhydraten pro 100 Gramm nahezu carbfreien Waldbewohner mit reichlich Mineralstoffen wie Kalzium und Magnesium. Auch Pfifferlinge sind kohlenhydratarm und reich an verdauungsfördernden Ballaststoffen, die langanhaltend sättigen.

09 KOKOS

Mit ihren seltenen mittelkettigen Fettsäuren (MCT) passen Kokosfett und -milch ideal in die Scheinfastenküche. Die MCT kurbeln die Ketonproduktion an, und das sogar weitgehend unabhängig von der restlichen Mahlzeit oder der Höhe des Insulinspiegels. Bitte unbedingt beachten: Ein paar Esslöffel Kokosmilch genügen bereits für den Süße- und Fitnesseffekt, sonst vereiteln die 230 Kilokalorien per 100 Gramm den Easy-Fasten-Erfolg. Probieren Sie doch mal die Spinatsuppe mit Kokosmilch von *Seite 134*.

Die Rezepte

Willkommen in der Scheinfasten-Küche! Schmökern Sie durch die Rezepte und entscheiden Sie jeden Tag, worauf Sie Appetit haben.

Tag 1 – los geht's

Lassen Sie es an Ihrem ersten Tag entspannt angehen, genießen Sie mediterran oder asiatisch – das bringt Sonne auf den Teller und sorgt für gute Stimmung. Auf den folgenden Seiten finden Sie drei Tagespläne zur Wahl – jeweils mit Frühstück, Mittag- und Abendessen und insgesamt rund 1000 Kalorien.

TAG 1: Frühstück – Vorschlag 1

SMOOTHIE-BOWL MIT BEEREN

Mixen, fertig, los! Wer diese Bowl mit Mandel-Knack frühstückt, löffelt sich leicht und lecker wach – und startet so fit und gut gelaunt in den Tag.

Für 2 Portionen
20 Min. Zubereitung
Pro Portion ca. 330 kcal, 9 g E, 23 g F, 16 g KH, 9 g BST

---

120 g TK-Beerenmischung
1 Stange Staudensellerie (mit Grün)
2 Kopfsalatblätter (ca. 50 g)
1 Rote Bete (ca. 200 g; ersatzweise 150 g vakuumierte gegarte Rote Bete)
2 EL Limettensaft
3 EL geschroteter Gold-Leinsamen
2 EL Walnussöl
250 ml ungesüßter Cashewdrink
20 g Mandeln

LOW CARB · SCHNELL GEKOCHT · VEGAN FOOD

1. Die Beeren ca. 10 Min. antauen lassen. Sellerie waschen, putzen, das Grün abschneiden. Sellerie in Stücke schneiden. Salat waschen, putzen und mundgerecht zerpflücken. Rote Bete putzen, schälen und in kleine Würfel schneiden. Von den Beeren 40 g beiseitelegen, den Rest mit Sellerie samt Grün, Salat, Roter Bete, Limettensaft, 2 EL Leinsamen, Walnussöl, Cashewdrink und 200 ml kaltem Wasser in den Standmixer geben. Alles erst auf kleiner Stufe, dann auf höchster Stufe fein pürieren. Fruchtmasse 5–10 Min. quellen lassen.

2. Inzwischen die Mandeln grob hacken und in einer Pfanne ohne Fett bei mittlerer Hitze anrösten. Vom Herd nehmen, abkühlen lassen.

3. Fruchtpüree auf zwei Schalen verteilen, mit gerösteten Mandeln und übrigem Leinsamen bestreuen und mit den beiseitegelegten Beeren dekorieren. Sofort servieren.

Sommerbeeren haben es in sich!

Brombeeren, Himbeeren und Erdbeeren sind wahre Vitamin- und Mineralstoffbomben und gehören neben Avocado und Papaya zu den wenigen Vertretern der Obst-Liga, die zuckerarm und deshalb in Maßen auch beim Scheinfasten erlaubt sind.

ZUCCHINI-PILZ-PFANNE MIT WALNUSSPASTE

Schnell gemacht und dank knoblauchwürziger Walnuss-Spinat-Paste eine verlockende Geschmacksreise in den Süden. Supergesund, unfassbar lecker und 100 Prozent vegan!

Für 2 Portionen
30 Min. Zubereitung
Pro Portion ca. 310 kcal, 8 g E, 28 g F, 5 g KH, 4 g BST

---

20 g Walnusskerne
1 Knoblauchzehe
50 g Baby-Spinat
4 EL Olivenöl
Salz
Pfeffer
4 TL Zitronensaft
500 g Zucchini
250 g kleine Champignons
1 rote Zwiebel (ca. 80 g)

---

1. Die Walnüsse in einer Pfanne ohne Fett bei mittlerer Hitze 3–4 Min. anrösten, auf einem Teller abkühlen lassen. Knoblauch schälen und grob hacken. Spinat verlesen, waschen und trockenschütteln. Die Hälfte vom Spinat mit Nüssen, Knoblauch, 2 EL Olivenöl und 2–3 EL Wasser in den Blitzhacker geben und fein pürieren. Die Walnusspaste mit Salz, Pfeffer und 2 TL Zitronensaft abschmecken.
2. Die Zucchini waschen, putzen, längs halbieren und schräg in ca. 1 cm breite Stücke schneiden. Champignons putzen und abreiben. Zwiebel schälen, halbieren und in feine halbe Ringe schneiden.
3. Das restliche Öl in einer Pfanne erhitzen. Zwiebel, Zucchini und Pilze darin bei starker Hitze in ca. 5 Min. hellbraun braten, dabei ab und zu wenden. Dann bei mittlerer Hitze ca. 5 Min. weiterbraten. Salzen, pfeffern und mit dem übrigen Zitronensaft würzen. Übrigen Spinat unterheben und zusammenfallen lassen.
4. Zucchini-Pilz-Gemüse auf Tellern anrichten, Nuss-Paste darauf klecksen und servieren.

Walnüsse sind mit etwa 60 Gramm Fett pro 100 Gramm eine wertvolle Quelle für gesunde pflanzliche Öle.

TAG 1: Abendessen – Vorschlag 1

BOHNENEINTOPF MIT SPINAT

Genau das Richtige, wenn Sie sich mit italienischer Leichtigkeit aufwärmen wollen. Grüne Bohnen, Möhren und Spinat tummeln sich in einem kräuterwürzigen Brühe-Kirschtomaten-Mix.

Für 2 Portionen
25 Min. Zubereitung
Pro Portion ca. 290 kcal, 8 g E, 20 g F, 15 g KH, 8 g BST

---

150 g TK-grüne- Bohnen
1 große Möhre (ca. 100 g)
20 g Pinienkerne
1 Zwiebel (ca. 80 g)
1 Knoblauchzehe
2 EL Olivenöl
2 TL Tomatenmark
600 ml Gemüsebrühe
100 g Baby-Spinat
1 Dose Kirschtomaten (400 g)
Salz • Pfeffer
1 TL getrocknete italienische Kräuter
½ TL edelsüßes Paprikapulver
8 Basilikumblätter

---

1. Die Bohnen antauen lassen. Möhre putzen, schälen und in dünne Scheiben schneiden. Pinienkerne in einer kleinen Pfanne ohne Fett goldbraun rösten. Vom Herd nehmen und abkühlen lassen.

2. Zwiebel schälen, halbieren und in feine Streifen schneiden. Knoblauch schälen und fein würfeln. Das Öl in einem Topf erhitzen, Zwiebel, Knoblauch und Möhre darin bei mittlerer Hitze 2–3 Min. andünsten. Tomatenmark einrühren, kurz mitdünsten. Bohnen zugeben, Brühe zugießen, aufkochen und das Gemüse bei mittlerer Hitze zugedeckt ca. 7 Min. garen.

3. Inzwischen den Spinat verlesen, waschen und trockenschleudern. Kirschtomaten in die Suppe geben, mit Salz, Pfeffer, Kräutern und Paprikapulver würzen, aufkochen und weitere 2 Min. köcheln lassen. Den Spinat untermischen. Mit Salz und Pfeffer abschmecken.

4. Basilikumblätter waschen. Die Suppe in Schalen anrichten und mit Pinienkernen und Basilikum bestreut servieren.

POWERSCHNITTE MIT GEMÜSEAUFSTRICH

Kohlrabi und Erbsen sind die cremige Basis für diese streichzarte Paste, die der perfekte Begleiter zu einer gehaltvollen Scheibe Nuss-Saaten-Brot ist.

Für 2 Portionen
20 Min. Zubereitung •
1 Std. Abkühlen
Pro Portion ca. 270 kcal, 10 g E, 15 g F, 17 g KH, 12 g BST

---

80 g TK-Erbsen
½ Kohlrabi (mit Grün; ca. 150 g)
1 Schalotte
1 EL Olivenöl
1 gehäufter TL Flohsamenschalen (ca. 5 g)
½ Bund Petersilie
Salz
Pfeffer
2 EL Zitronensaft
2 Scheiben Nuss-Saaten-Brot (à 50 g, *Rezept Seite 154)*

---

1. Die Erbsen antauen lassen. Zarte Kohlrabiblätter abschneiden und beiseitelegen, Kohlrabi schälen und in ca. 1 cm große Würfel schneiden. Schalotte schälen und fein würfeln. Öl in einem kleinen Topf erhitzen. Schalotte, Kohlrabi und Erbsen darin bei mittlerer Hitze ca. 2 Min. andünsten. 3 EL Wasser zugießen und alles zugedeckt bei milder Hitze ca. 10 Min. weiterdünsten. Vom Herd nehmen, Flohsamen untermischen und die Masse offen etwas abkühlen lassen.

2. Inzwischen Petersilie waschen, trockenschütteln, Blätter abzupfen und hacken. Kohlrabigrün abbrausen, in feine Streifen schneiden und bis auf ein paar Streifen mit der Kohlrabi-Erbsen-Mischung, Petersilie, ¼ TL Salz, Pfeffer und Zitronensaft im Blitzhacker zu einer cremigen Paste verarbeiten, bei Bedarf etwas nachwürzen. Brotscheiben mit dem Aufstrich anrichten und mit etwas Kohlrabigrün garniert servieren.

From root to leaf

Ob roh oder gegart, Sie können Kohlrabi von den Blättern bis zur Knolle essen. Knolle und Blätter punkten mit viel Vitamin C und Beta-Carotin, die antioxidativ wirken und die Zellen vor dem Angriff freier Radikale schützen.

Perfekt für den Vorrat: In einem Twist-off-Glas ist der Kohlrabi-Erbsen-Aufstrich im Kühlschrank etwa eine Woche haltbar.

TABOULÉ MIT BROKKOLI

Feingehäckselt und minzfrisch: Wir haben den Klassiker der arabischen Küche mit rohem Brokkoli abgewandelt und mit knackigem Gemüse aufgemischt. Bedienen Sie sich!

Für 2 Portionen
20 Min. Zubereitung
Pro Portion ca. 350 kcal, 9 g E, 29 g F, 10 g KH, 8 g BST

---

30 g Mandeln
300 g Brokkoli
½ Bund Petersilie
2 Stängel Minze
150 g Salatgurke
2 Tomaten (ca. 160 g)
1 gelbe Spitzpaprika (ca. 100 g)
Salz
¼ TL Pul Biber (scharfe Paprikaflocken)
4 EL Zitronensaft
4 EL Olivenöl

LOW CARB · SCHNELL GEKOCHT · VEGAN FOOD

1. Die Mandeln in einer Pfanne ohne Fett anrösten. Herausnehmen und abkühlen lassen.
2. Brokkoli waschen, putzen und in kleine Röschen schneiden, Strunk schälen und klein würfeln. Petersilie und Minze waschen, trockenschütteln und die Blätter abzupfen. Brokkoli portionsweise mit den Kräutern im Blitzhacker zerkleinern.
3. Die Gurke waschen, längs halbieren und die Gurkenhälften in ca. 1 cm große Würfel schneiden. Tomaten waschen, von den Stielansätzen befreien und klein würfeln. Spitzpaprika längs halbieren, putzen, waschen und ebenfalls klein würfeln. Die Mandeln hacken.
4. Den Brokkoli in einer Schüssel mit Gurken, Tomaten, Paprika und Mandeln mischen und mit Salz, Pul Biber, Zitronensaft und Olivenöl würzen. Anrichten und servieren.

Grüne Röschen als Gesundmacher

Wer Brokkoli als Rohkost isst, tut seiner Gesundheit viel Gutes: Viele der wertvollen Inhaltsstoffe sind nämlich hitzeempfindlich ***(siehe Seite 117).***

AUBERGINEN-LAUCH-GEMÜSE MIT OLIVEN

Schnell mal ans Mittelmeer beamen? Bitte sehr: Auberginen, Lauch und Oliven werden mit Knoblauch und Oregano zum mediterranen Genuss – und schicken Easy-Fastern einen Sonnengruß.

Für 2 Portionen
25 Min. Zubereitung
Pro Portion ca. 350 kcal, 7 g E, 26 g F, 15 g KH, 11 g BST

1 Aubergine (ca. 400 g)
1 Stange Lauch (ca. 250 g)
1 rote Zwiebel (ca. 80 g)
1 Knoblauchzehe
3 EL Olivenöl
1 Dose Kirschtomaten (400 g; ersatzweise stückige Tomaten)
Salz
Pfeffer
½ TL getrockneter Oregano
120 g schwarze Oliven (z. B. Kalamata)
2 TL Rotweinessig
3 Stängel Basilikum

1. Die Aubergine waschen, putzen und in große Stücke schneiden. Lauch putzen, gut waschen, das Weiße und Hellgrüne schräg in ca. 1 cm breite Scheiben schneiden. Zwiebel und Knoblauch schälen und würfeln.

2. Das Öl in einer Pfanne erhitzen. Auberginenwürfel und Lauch bei starker Hitze in ca. 5 Min. braun anbraten. Zwiebel und Knoblauch zugeben und 1–2 Min. mitbraten. Tomaten und 100 ml Wasser zugeben, mit Salz, Pfeffer und Oregano würzen, aufkochen und bei milder Hitze ohne Deckel 5–7 Min. köcheln lassen.

3. Oliven unter das Auberginengemüse mischen und mit erhitzen. Mit Essig würzen, bei Bedarf mit Salz und Pfeffer abschmecken. Basilikum abbrausen, Blätter abzupfen und grob zerpflücken. Auberginen-Tomaten-Gemüse anrichten und mit Basilikum bestreut servieren.

Gut zu wissen

Auberginen sind roh ungenießbar, denn sie enthalten den Stoff Solanin, der Magen- und Darmprobleme verursachen kann. Beim Erhitzen wird Solanin jedoch zerstört.

Achten Sie beim Kauf von Auberginen auf eine leuchtend dunkle Schale. Dann passt die Reife der Eierfrüchte.

CHIA-PUDDING MIT PAPAYA

Dieser Pudding macht sich quasi von selbst – ganz ohne Kochen! Die simple Basis sind Chia-Samen, die über Nacht quellen und am nächsten Morgen eine Extraportion Gesundheit liefern.

Für 2 Portionen
15 Min. Zubereitung •
6 Std. (über Nacht) Quellen
Pro Portion ca. 240 kcal, 6 g E, 18 g F, 10 g KH, 8 g BST

---

200 ml ungesüßter Cashewdrink
30 g Chia-Samen
¼ TL gemahlene Vanille
½ Papaya (200 g)
1 EL Limettensaft
2 TL Leinöl
20 g Walnusskerne
Außerdem: ½ TL schwach entöltes Kakaopulver zum Bestäuben

LOW CARB · SCHNELL GEKOCHT · VEGAN FOOD

1. Cashewdrink mit Chia-Samen und Vanille in einer Schüssel gründlich verrühren und etwa 10 Min. quellen lassen. Dann die Chia-Mischung nochmals durchrühren und in zwei Gläser verteilen. Abgedeckt 6 Std., am besten über Nacht, im Kühlschrank quellen lassen.

2. Am nächsten Tag Papaya entkernen, schälen und in kleine Würfel schneiden. Mit Limettensaft und Leinöl mischen. Walnüsse grob hacken.

3. Den Papayasalat auf dem Chia-Pudding verteilen. Mit gehackten Walnüssen bestreuen und mit Kakaopulver bestäubt servieren.

Gut zu wissen

Rund 40 Gramm Ballaststoffe stecken in 100 Gramm Chia-Samen. Weicht man die winzigen Kerne ein, entsteht ein puddingähnliches Gel aus löslichen Ballaststoffen, das nachhaltig sättigt. Dank ihrer hohen Quellfähigkeit – sie binden etwa die 25-fache Menge an Wasser – regen sie die Darmperistaltik an, fördern die Darmflora, saugen im Verdauungstrakt Giftstoffe auf und regulieren den Blutzucker- und Cholesterinspiegel.

SPARGEL-PFANNE MIT CASHEWS

Lust auf Fernost? Dann her mit grünem Spargel, Zuckerschoten und Frühlingszwiebeln – kurz braten, asiatisch würzen und mit gerösteten Cashewkernen getoppt servieren.

Für 2 Portionen
25 Min. Zubereitung
Pro Portion ca. 445 kcal, 14 g E, 31 g F, 23 g KH, 9 g BST

300 g grüner Spargel
125 g Zuckerschoten
100 g Frühlingszwiebeln
1 Stück Ingwer (ca. 15 g)
1 Knoblauchzehe
¼ TL Chiliflocken
3 EL Sojasauce (z. B. Tamari)
2 TL geröstetes Sesamöl
100 ml Gemüsebrühe
2 EL Rapsöl
60 g Cashewkerne
Pfeffer
4 Stängel Koriandergrün

1. Den Spargel waschen, im unteren Drittel schälen, die Enden knapp abschneiden, die Stangen längs halbieren und schräg in ca. 4 cm breite Stücke schneiden. Zuckerschoten waschen, verlesen und schräg halbieren. Frühlingszwiebeln waschen, putzen, die weißen und grünen Teile getrennt in feine Ringe schneiden. Ingwer und Knoblauch schälen, fein würfeln und in einer Schüssel mit Chiliflocken, 2 EL Sojasauce, Sesamöl und Brühe mischen.

2. In einem Wok oder einer Pfanne 1 EL Rapsöl stark erhitzen, Cashewkerne darin 2–3 Min. goldbraun anbraten. Kerne herausnehmen und abgedeckt beiseitestellen.

3. Restliches Öl in die Pfanne geben. Spargel und das Weiße der Frühlingszwiebeln darin bei mittlerer Hitze ca. 4 Min. braten. Würzsauce, Zuckerschoten und Cashewkerne zugeben, weitere 2 Min. dünsten. Mit Pfeffer und restlicher Sojasauce abschmecken.

4. Koriandergrün abbrausen, trockenschütteln und die Blätter abzupfen. Gemüse anrichten und mit Koriander sowie dem Grün der Frühlingszwiebeln bestreut servieren.

LOW CARB · SCHNELL GEKOCHT · VEGAN FOOD

TAG 1: Abendessen – Vorschlag 3

ASIATISCHE GEMÜSESUPPE MIT KOKOS

Diese sesamwürzige Kokossuppe mit Shiitake-Pilzen, Pak Choi und Möhren schmeckt so leicht wie lecker – ein bisschen scharf und super aromatisch!

Für 2 Portionen
35 Min. Zubereitung
Pro Portion ca. 360 kcal, 7 g E, 29 g F, 21 g KH, 7 g BST

---

4 Frühlingszwiebeln
1 Knoblauchzehe
1 Stück Ingwer (ca. 20 g)
½ rote Chilischote
1 Sternanis
600 ml Gemüsebrühe
200 ml ungesüßte Kokosmilch (Dose)
1 EL ungeschälter Sesam
100 g Shiitake-Pilze
150 g Baby-Pak-Choi
2 Möhren (à ca. 60 g)
2 EL Sojasauce (z.B. Tamari)
1 TL geröstetes Sesamöl

---

1. Frühlingszwiebeln waschen, putzen und in feine Ringe schneiden. Knoblauch und Ingwer schälen und in dünne Scheiben schneiden. Chilischote waschen, putzen und samt Kernen in feine Ringe schneiden.
2. Die Hälfte der Frühlingszwiebeln, den Knoblauch und den Ingwer in einen Topf geben. Sternanis, Chili, Brühe und Kokosmilch zugeben, aufkochen und zugedeckt bei milder bis mittlerer Hitze 12–15 Min. köcheln lassen.
3. Inzwischen den Sesam in einer kleinen Pfanne ohne Fett goldbraun rösten. Vom Herd nehmen und abkühlen lassen. Shiitake-Pilze putzen, Stiele entfernen, die Kappen abreiben und in dünne Streifen schneiden. Pak Choi waschen, putzen und grob in Stücke schneiden. Möhren schälen, längs halbieren und schräg in dünne Scheiben schneiden.
4. Die Brühe durch ein Sieb gießen, Rückstände gut ausdrücken. Suppe erneut aufkochen, mit Sojasauce und Sesamöl würzen. Möhren zugeben und bei mittlerer Hitze ca. 5 Min. garen. Dann Pilze, Pak Choi und übrige Frühlingszwiebeln zufügen, 1–2 Min. mit erhitzen. Suppe in Schalen anrichten und mit Sesam bestreut servieren.

LOW CARB · VEGAN FOOD

Wer keine Zeit hat, Brühe auf Vorrat zu kochen, wird im Bioladen fündig. Dort gibt es Brühwürfel und -pulver ohne bedenkliche Zusatzstoffe.

Der feine Unterschied!

Nehm' ich nun das oder doch lieber das andere? Manchmal macht eine kleine Variante viel aus. Manchmal geht es aber auch nur um geschmackliche Vorlieben. Mit den Infos auf dieser Seite wollen wir Ihnen Entscheidungshilfe geben für den Lebensmitteleinkauf in Ihrer Scheinfastenwoche.

ERDNUSSBUTTER ODER -MUS?

Peanut Butter, die typische amerikanische Erdnussbutter, auch Erdnusscreme genannt, enthält neben pürierten Erdnüssen auch Salz, gehärtete Pflanzenöle und Zucker. Dadurch hat sie eine cremige, streichfähige Konsistenz, ähnlich wie Butter. Erdnussmus hingegen besteht zu 100 Prozent aus Erdnüssen und ist etwas flüssiger. Sie finden diese naturbelassene und gesündere Alternative im Bioladen oder im gut sortierten Supermarkt.

MANDELMUS – LIEBER HELL?

Braunes Mandelmus wird zu 100 Prozent aus ungeschälten Mandeln hergestellt und ist eine gute Quelle für Antioxidantien, die hauptsächlich in der braunen Schale der Mandelkerne stecken und den Körper vor vorzeitigem Altern und einigen Krebsarten schützen können. Blanchierte und geschälte weiße Mandeln und helles Mandelmus liefern zwar auch gesunde einfach und mehrfach ungesättigte Fettsäuren, enthalten jedoch deutlich weniger antioxidative Substanzen.

CHIA – WEISS ODER SCHWARZ?

Ob Chia-Samen weiß oder schwarz sind, hängt von der Pflanze ab, von der sie stammen. Pflanzen mit schwarzen Samen bringen einen etwas höheren Ertrag. In manchen Gerichten sehen weiße Samen schöner aus. Sie sind jedoch seltener erhältlich als schwarze und entsprechend etwas teurer. Hinsichtlich der Inhaltsstoffe gibt es nur geringe Unterschiede, schwarze Samen enthalten etwas weniger Proteine. Braune und rötliche Samen sind noch unreif. Wer weniger weit gereiste Samen bevorzugt – Chia kommt ursprünglich aus Mittel- und Südamerika –, kann auf heimischen Leinsamen zurückgreifen. Es gibt braune und gold-gelbe Samen. Goldleinsamen quillt stärker auf, dunkle Leinsamen punkten mit mehr Omega-3-Fettsäuren.

GESCHROTET ODER GANZ?

Leinsamen stecken voller Ballaststoffe und Omega-3-Fettsäuren. Ihre positive Wirkung auf Verdauung, Herz und Immunsystem können die Ölsamen aber erst richtig entfalten, wenn sie zuvor geschrotet wurden. Wenn Sie im Supermarkt oder Bioladen Leinsamenschrot kaufen, greifen Sie möglichst zu einer kleinen Packung. Zerkleinert werden die Samen durch den Kontakt mit Sauerstoff schnell ranzig. Noch besser ist es, ganze Leinsamen frisch zu mahlen. Das geht ganz einfach mit einem Mörser. Sie können aber auch eine Ölsaaten-, Kaffee- oder Gewürzmühle benutzen.

TAMARI ODER SHOYU?

Kenner unterscheiden bei Sojasaucen zwischen Tamari und Shoyu. Sie werden traditionell und natürlich hergestellt und reifen lange. Tamari besteht nur aus Sojabohnen, Wasser, Salz und Gärungsmitteln. Sie ist kräftig im Aroma und eignet sich zum Marinieren, für Salatsaucen und Dips. In der eher dünnflüssigen Shoyu-Sauce ist zusätzlich Weizen enthalten. Sie schmeckt milder und süßer als Tamari. Achtung bei industriell hergestellter Sojasauce! Viele Produkte enthalten Aroma- und Konservierungsstoffe, Zucker, Glutamat und andere künstlich zugesetzte Substanzen. Also am besten auf das Etikett achten – je weniger Zutaten dort stehen, desto besser.

OLIVEN – HELL ODER DUNKEL?

Die grüne oder schwarze Farbe von Oliven hat nichts mit der Sorte zu tun, sondern verrät etwas über den Reifegrad: Grüne Oliven werden halbreif gepflückt, schwarze Oliven bekommen durch langes Reifen am Baum ihre dunkle Farbe. Augen auf beim Kauf von schwarzen Oliven! Oftmals handelt es sich um eine »Fälschung« und man kauft gefärbte grüne Oliven.

SPARGEL – GRÜN ODER WEISS?

Im Unterschied zu weißem Spargel darf und soll der grüne Vertreter Sonne tanken, am besten so viel wie möglich. So bildet er jede Menge Chlorophyll, das dem Gemüse seine sattgrüne Farbe und den kräftigen Geschmack verleiht. Heimischer grüner Spargel ist von April bis Juli erhältlich. Grünen Spargel können Sie in vielen Rezepten durch Brokkoli ersetzen. Sein mildes Aroma erinnert leicht an grünen Spargel. Daher trägt er auch den Beinamen Spargelkohl.

Tag 2 – Kalorienreduktion

Heute geht's gleich weiter: Auf den nächsten Seiten finden Sie Esspläne für Tag 2, mit denen Sie immer unter 800 Kalorien bleiben. Genießen Sie mit allen Sinnen: Ein Smoothie taugt prima als Frühstück. Einen Salat können Sie ins Büro mitnehmen und abends bietet sich zum Beispiel eine Gemüsesuppe an.

TAG 2: Frühstück – Vorschlag 1

SALAT-SMOOTHIE MIT BLAUBEEREN

Frisch, grün und fruchtig – gesundes Fastfood aus dem Mixer. Mit diesem Fitmacher-Drink können Sie morgens blitzschnell Vitamine, Mineralstoffe und bioaktive Stoffe auftanken.

Für 2 Portionen
10 Min. Zubereitung
Pro Portion ca. 150 kcal, 4 g E, 10 g F, 8 g KH, 5 g BST

---

120 g TK-Wild-Blaubeeren
80 g Mini-Romanasalatblätter
30 g dunkles Mandelmus
1 EL geschroteter Gold-Leinsamen
2 EL Zitronensaft
½ TL gemahlene Vanille

LOW CARB · SCHNELL GEKOCHT · VEGAN FOOD

1. Die Blaubeeren in den Standmixer geben und ca. 10 Min. antauen lassen.
2. Inzwischen Salatblätter waschen, trockenschütteln, putzen und in Streifen schneiden. Mit Mandelmus, Leinsamen, Zitronensaft, Vanille und 300 ml kaltem Wasser in den Mixer geben und alles erst auf kleiner Stufe, dann auf höchster Stufe sehr fein pürieren.
3. Smoothie in Gläser füllen und sofort servieren.

Abwechslung gefällig?

Smoothies sind voll von Vitaminen, Mineralstoffen, Antioxidantien und sekundären Pflanzenstoffen. Das Mixen erweist sich dabei als großes Plus für die Aufnahme der wertvollen Inhaltsstoffe in den Körper: Die unverdaulichen Faserstoffe aus rohem Gemüse und Obst werden dadurch besonders gut verdaulich und die freigesetzten Nährstoffe können direkt in den Organismus eingebaut werden. Probieren Sie auch einmal eine Variante mit Grünkohl, Gurke, Papaya und Cashewkernen – pikant gewürzt mit Limette, Salz und Chili.

GEMÜSE-CARPACCIO MIT NUSS-CRUNCH

Hauchdünn geschnittene Scheiben von Kohlrabi, Möhren und Rettich treffen auf ein aromatisches Zitronen-Olivenöl-Dressing und bieten mit Beta-Carotin und Vitamin C optimalen Zellschutz.

Für 2 Portionen
30 Min. Zubereitung
Pro Portion ca. 380 kcal, 5 g E, 35 g F, 9 g KH, 4 g BST

---

30 g gemischte Nüsse (z. B. Haselnuss-, Walnuss- oder Pekannusskerne)
2 TL natives Kokosöl
Salz
1 kleiner Kohlrabi (ca. 250 g)
2 Möhren (à ca. 60 g)
150 g Rettich
½ Zitrone
Pfeffer
4 EL Olivenöl
2 Stängel Basilikum

LOW CARB · SCHNELL GEKOCHT · VEGAN FOOD

1. Die Nüsse grob hacken und in einer Pfanne ohne Fett rösten, bis sie duften und leicht gebräunt sind. Kokosöl zugeben und die Nüsse unter Wenden mit dem Holzspatel weiter rösten, bis sie glänzen, salzen. Vom Herd nehmen und abkühlen lassen.

2. Inzwischen Kohlrabi, Möhren und Rettich putzen, schälen und auf dem Gemüsehobel in sehr dünne Scheiben schneiden. Zitrone auspressen, Zitronensaft mit Salz und Pfeffer verquirlen, dann das Öl unterschlagen. Basilikum waschen, trockenschütteln, Blätter abzupfen und in Streifen schneiden.

3. Gemüsescheiben leicht überlappend auf Teller verteilen. Vinaigrette darüberträufeln und mit Basilikumstreifen toppen. Mit dem Nuss-Crunch bestreut servieren.

TOMATENCREMESUPPE MIT AVOCADO

Leicht verschärftes Löffelvergnügen mit Chili und Cayennepfeffer. Avocadokugeln überraschen als Einlage, geröstete Kerne sorgen für den gewissen Biss.

Für 2 Portionen
25 Min. Zubereitung
Pro Portion ca. 220 kcal, 5 g E, 16 g F, 10 g KH, 5 g BST

---

1 rote Zwiebel (80 g)
1 Knoblauchzehe
1 rote Chilischote
1 EL Olivenöl
2 TL Tomatenmark
1 Dose stückige Tomaten (400 g)
200 ml Gemüsebrühe
Salz
20 g Vitalkerne (z. B. Sonnenblumen-, Kürbis-, Pinienkerne, Sesam)
½ Avocado mit Kern (ca. 100 g)
2 TL Limettensaft
2 Stängel Koriandergrün
Cayennepfeffer

LOW CARB
SCHNELL GEKOCHT
VEGAN FOOD

1. Zwiebel und Knoblauch schälen und fein würfeln. Chilischote waschen, putzen, entkernen und winzig klein würfeln.

2. Das Öl in einem Topf erhitzen, Zwiebel und Knoblauch bei mittlerer Hitze glasig dünsten. Chiliwürfel und Tomatenmark zugeben und kurz anrösten. Tomaten und Brühe zugeben, mit Salz würzen und zugedeckt bei mittlerer Hitze ca. 15 Min. köcheln lassen.

3. Inzwischen die Vitalkerne in einer Pfanne ohne Fett bei mittlerer Hitze anrösten. Vom Herd nehmen und abkühlen lassen. Avocado entkernen, Fruchtfleisch mit einem Kugelausstecher zu Bällchen formen und mit Limettensaft beträufeln. Koriander waschen, trockenschütteln und die Blätter abzupfen.

4. Suppe mit dem Pürierstab fein pürieren, mit Salz und Cayennepfeffer abschmecken und mit den Avocadokugeln in Schalen anrichten. Mit Kernen und Koriander bestreut servieren.

WALNUSS-CASHEW-BREI MIT BROMBEEREN

Dieser Brei wärmt von innen, macht schön satt, knackt zart und die gute Laune kommt beim Löffeln. Fitness für den ganzen Tag! Dazu gibt es zimtige Brombeeren.

Für 2 Portionen
10 Min. Zubereitung • 4 Std. (über Nacht) Einweichen
Pro Portion ca. 280 kcal, 8 g E, 23 g F, 8 g KH, 5 g BST

---

40 g Walnusskerne
20 g Cashewkerne
250 ml ungesüßter Mandeldrink
½ TL gemahlene Vanille
120 g Brombeeren (frisch oder TK)
1 EL geschrotete Gold-Leinsamen
½ TL Zimtpulver

LOW CARB · SCHNELL GEKOCHT · VEGAN FOOD

1. Die Walnüsse und Cashewkerne in kaltem Wasser mindestens 4 Stunden, am besten über Nacht, zugedeckt im Kühlschrank einweichen.
2. Am nächsten Tag die Nüsse abgießen, in einem Sieb abbrausen und abtropfen lassen. Im Mixer oder Blitzhacker mit 50 ml Wasser fein zerkleinern. Nusspüree mit Mandeldrink und Vanille in einem kleinen Topf aufkochen und bei milder Hitze ca. 5 Min. köcheln lassen, bis der Brei leicht dicklich ist. Ab und zu umrühren.
3. TK-Brombeeren gegebenenfalls auftauen lassen. Frische Beeren verlesen, abbrausen und abtropfen lassen.
4. Leinsamen in den Brei einrühren und 1 weitere Min. köcheln lassen. Nuss-Brei auf zwei Schalen verteilen, Brombeeren daraufsetzen, mit Zimt bestäuben und servieren.

Gesunde Kraftpakete

Von allen Nüssen bieten Walnüsse den höchsten Gehalt an Omega-3-Fettsäuren, die vom Körper nicht selbst produziert werden können. Sie sind gut für den Blutzuckerspiegel, die Fließeigenschaften des Blutes sowie für eine intakte Herz-Kreislauf-Funktion.

TAG 2: Mittagessen – Vorschlag 2

SPITZKOHL-SLAW MIT CASHEWDRESSING

Klassisch wird Cole Slaw mit Mayonnaise gemacht, aber auch vegan schmeckt er super – mit Cashewmusdressing wird er schön cremig, die Frische verdankt er Petersilie und Limettensaft.

Für 2 Portionen
20 Min. Zubereitung
Pro Portion ca. 170 kcal, 6 g E, 8 g F, 15 g KH, 6 g BST

---

300 g Spitzkohl
Salz
1 große Möhre (ca. 100 g)
2 Frühlingszwiebeln
½ Bund Petersilie
30 g Cashewmus
2 EL Limettensaft
Pfeffer
1 Msp. rosenscharfes Paprikapulver

---

1. Den Spitzkohl waschen, putzen, vom Strunk befreien und in feine Streifen schneiden. Kohlstreifen mit ½ TL Salz mischen und mit den Händen ca. 2 Min. kräftig kneten, bis sie weich und saftig sind.

2. Möhren putzen, schälen und in feine Stifte schneiden oder grob raspeln. Frühlingszwiebeln waschen, putzen und in feine Ringe schneiden. Petersilie waschen, trockenschütteln, Blätter abzupfen und bis auf ein paar Blätter klein hacken.

3. Für das Dressing in einer Schüssel das Cashewmus mit Limettensaft und 50 ml kaltem Wasser mit einem Schneebesen gut verrühren. Mit Salz, Pfeffer und Paprikapulver würzen. Spitzkohl, Möhren, Frühlingszwiebeln und gehackte Petersilie dazugeben und mit der Sauce vermischen, 5 Min. ziehen lassen.

4. Den Salat in Schalen oder auf Tellern anrichten und mit der restlichen Petersilie garniert servieren.

Spitzkohl liefert viele Nährstoffe: Dazu gehören Vitamine, Kalzium, Kalium, Magnesium, Beta-Carotin und reichlich Ballaststoffe. Gesundheit, die schmeckt!

TAG 2: Abendessen – Vorschlag 2

GRÜNE GEMÜSESUPPE MIT LEINSAMEN-CRACKERN

Wunderbar leicht und aromatisch – dieser Mix aus Zucchini, Frühlingszwiebeln, Spinat und Erbsen weckt die Lebensgeister in nur 20 Minuten.

Für 2 Portionen
20 Min. Zubereitung
Pro Portion ca. 310 kcal, 8 g E, 22 g F, 14 g KH, 9 g BST

---

1 Zucchino (ca. 200 g)
4 Frühlingszwiebeln
1 Knoblauchzehe
100 g Baby-Spinat
50 g TK-Erbsen
2 EL Olivenöl
500 ml Gemüsebrühe
50 ml Mandelsahne (Creme Cuisine)
Salz
Pfeffer
1 EL Limettensaft
4 Mohn-Leinsamen-Cracker
(Rezept siehe Seite 155)

LOW CARB · SCHNELL GEKOCHT · VEGAN FOOD

1. Zucchino waschen, putzen, längs halbieren und in Scheiben schneiden. Frühlingszwiebeln waschen, putzen und in feine Ringe schneiden. Knoblauch schälen und fein würfeln. Spinat verlesen, waschen und gut abtropfen lassen. Erbsen in einem Sieb heiß abbrausen und abtropfen lassen.

2. Das Öl in einem Topf erhitzen. Frühlingszwiebeln, Knoblauch und Zucchino darin bei mittlerer Hitze ca. 2 Min. andünsten. Die Brühe angießen, Erbsen und Spinat zugeben, aufkochen und zugedeckt bei mittlerer Hitze etwa 5 Min. köcheln.

3. Den Topf vom Herd nehmen. Mandelsahne einrühren und die Suppe sehr fein pürieren. Mit Salz, Pfeffer und Limettensaft abschmecken und in Schalen anrichten. Cracker grob zerbröckeln, auf die Suppe geben und sofort servieren.

Warum ist Grünes so gesund?

Mit grünem Gemüse nehmen wir reichlich Chlorophyll auf. Der grüne Pflanzenfarbstoff wirkt blutbildend und entgiftend. Er fördert die Durchblutung und Wundheilung und versorgt den Körper mit wertvollen Antioxidantien (Carotinoiden) und Magnesium. So fühlen wir uns fit und energiegeladen.

TAG 2: Frühstück – Vorschlag 3

GAZPACHO-SMOOTHIE MIT MÖHREN

Wir haben die Gazpacho, eine kalte Gemüsesuppe aus Andalusien, in einen Smoothie mit fruchtig-scharfer Note verwandelt, der nicht nur an heißen Tagen für einen coolen Start sorgt.

Für 2 Portionen
15 Min. Zubereitung
Pro Portion ca. 250 kcal, 4 g E, 19 g F, 12 g KH, 5 g BST

---

200 g Tomaten
2 Möhren (à ca. 60 g)
1 rote Spitzpaprika (ca. 100 g)
1 Mini-Salatgurke (ca. 100 g)
1 rote Peperoni (Pfefferschote)
½ Bio-Zitrone
25 g dunkles Mandelmus
2 EL Olivenöl
150 ml Gemüsebrühe
Salz
Pfeffer

LOW CARB · SCHNELL GEKOCHT · VEGAN FOOD

1. Die Tomaten waschen, halbieren und von den Stielansätzen befreien, Tomaten in grobe Stücke schneiden. Möhren putzen, schälen und klein würfeln. Spitzpaprika putzen, längs aufschneiden, entkernen und in kleine Stücke schneiden. Gurke waschen, schälen und in grobe Stücke schneiden. Peperoni waschen, putzen und mit den Kernen in Ringe schneiden. Zitrone waschen, abtrocknen, Schale abreiben und den Saft auspressen.

2. Erst Tomaten und Möhren, dann Paprika, Gurke und Peperoni in den Mixbehälter geben. Zitronenschale und -saft, Mandelmus und Olivenöl zugeben und mit kalter Brühe aufgießen. Alles erst auf kleiner, dann auf höchster Stufe feincremig pürieren.

3. Den Smoothie mit Salz und Pfeffer abschmecken, in zwei große Gläser füllen und am besten sofort servieren.

Abwechslung gefällig?

Tauschen Sie für einen grünen Drink die roten Gemüsesorten gegen grüne aus und nehmen Sie alternativ Salatgurke, Staudensellerie mit Grün und hellgrüne Spitzpaprika. Für die Schärfe sorgt statt der roten Peperoni eine grüne Pfefferschote.

Statt ins Glas können Sie den Smoothie auch in Schalen füllen und Löffel für Löffel als kalte Suppe genießen.

BLUMENKOHL-RISOTTO MIT TOMATEN UND PILZEN

Risotto ohne Reis? Aber ja! Fein zerkleinert macht der Blumenkohl in Begleitung von Champignons und Mini-Tomaten seinen Job als leckere Low-Carb-Reisvertretung richtig gut.

Für 2 Portionen
30 Min. Zubereitung
Pro Portion ca. 320 kcal, 11 g E, 23 g F, 11 g KH, 10 g BST

600 g Blumenkohl
1 Zwiebel
1 Knoblauchzehe
4 EL Olivenöl
Salz
Pfeffer
250 ml Gemüsebrühe
250 g braune Champignons
200 g Kirschtomaten
6 Salbeiblätter
½ Bund Petersilie

1. Den Blumenkohl putzen und in Röschen teilen. Die Röschen portionsweise im Blitzhacker etwa auf Reiskorngröße zerkleinern oder mit einem Küchenmesser fein hacken.

2. Zwiebel und Knoblauch schälen, fein würfeln und in einem Topf in 2 EL heißem Öl bei mittlerer Hitze 2–3 Min. andünsten. Blumenkohl dazugeben und unter Wenden kurz mitdünsten. Mit Salz und Pfeffer würzen, Brühe zugießen, aufkochen und offen bei mittlerer Hitze 5–7 Min. köcheln lassen.

3. Inzwischen Pilze putzen und halbieren oder vierteln. Tomaten waschen und halbieren. Das übrige Öl erhitzen, Pilze und Salbeiblätter darin bei mittlerer bis starker Hitze 3–4 Min. braun anbraten. Tomaten zugeben und ca. 2 Min. mitbraten, mit Salz und Pfeffer würzen.

4. Die Petersilie waschen, trockenschütteln, Blätter abzupfen und fein hacken. Die Hälfte der Petersilie unter den Blumenkohl mischen, mit Salz und Pfeffer abschmecken. Blumenkohl-Risotto auf Teller verteilen, Pilz-Tomaten-Gemüse daraufgeben und mit der übrigen Petersilie bestreut servieren.

Im Gegensatz zu Reis mit einem Kohlenhydratanteil von 30 Prozent enthalten Blumenkohlröschen weniger als 3 Prozent Kohlenhydrate.

ZOODLES-SALAT GRIECHISCHE ART

Der Mix aus Zucchininudeln, Tomaten, Rucola und Oliven besticht durch Frische und knackigen Biss. Wetten, dass Sie nicht ans Fasten denken, wenn dieser Nudelsalat auf den Tisch kommt?

Für 2 Portionen
30 Min. Zubereitung
Pro Portion ca. 215 kcal, 6 g E, 16 g F, 9 g KH, 5 g BST

---

2 kleine Zucchini (300 g)
2 EL Zitronensaft
Salz
Pfeffer
½ TL getrockneter Oregano
2 EL Olivenöl
10 g ungesalzene Pistazienkerne
150 g Kirschtomaten (gelb, rot)
1 kleine rote Zwiebel
50 g Rucola
50 g schwarze Kalamata-Oliven (ohne Stein)

LOW CARB · SCHNELL GEKOCHT · VEGAN FOOD

1. Die Zucchini waschen, putzen und mit einem Spiralschneider in lange Streifen schneiden. Nach Belieben die Streifen mit einer Schere grob kürzen. In einer Schüssel Zitronensaft, 2 EL Wasser, Salz, Pfeffer und Oregano verrühren, das Öl kräftig unterschlagen. Zucchinistreifen in die Vinaigrette geben, gut mischen und 10 Min. durchziehen lassen.

2. Inzwischen die Pistazien grob hacken und in einer beschichteten Pfanne ohne Fett bei mittlerer Hitze goldbraun anrösten. Vom Herd nehmen und abkühlen lassen. Die Tomaten waschen und halbieren. Zwiebel schälen, halbieren und in feine Halbringe schneiden. Rucola verlesen, waschen, trockenschleudern und grobe Stiele entfernen. Oliven abtropfen lassen.

3. Tomaten, Zwiebel und Oliven zu den Zucchininudeln geben und gut untermischen. Zuletzt den Rucola vorsichtig unterheben, mit Salz und Pfeffer abschmecken. Salat anrichten und mit den Pistazien bestreut servieren.

Tag 3 – Energieschub

Feiern Sie heute einen kleinen Erfolg: Am dritten Tag schaltet Ihr Körper um und kurbelt die Fettverbrennung an. Blitzschnell landen heute Asia-Rohkost, Gemüse-Curry, Spitzkohl und Avocadomus auf Ihrem Teller – diese Köstlichkeiten entschlacken, machen gute Laune und verwöhnen Sie mit Vitalstoffen.

TAG 3: Frühstück – Vorschlag 1

WARME MANDELCREMESUPPE MIT HIMBEEREN

Nahrhaft und leicht süßlich, auch ohne Zucker! Zimt und Vanille bringen Aroma in die Mandelsuppe und obendrauf locken Himbeeren. Sie werden dieses Frühstückssüppchen lieben!

Für 2 Portionen
25 Min. Zubereitung
Pro Portion ca. 225 kcal, 5 g E, 17 g F, 9 g KH, 5 g BST

400 ml ungesüßter Mandeldrink
1 TL Johannisbrotkernmehl
½ Vanilleschote
50 g dunkles Mandelmus
¼ TL Zimtpulver
Salz
100 g Himbeeren
2 Stängel Zitronenmelisse
2 TL Limettensaft

LOW CARB · SCHNELL GEKOCHT · VEGAN FOOD

1. Den Mandeldrink in einem kleinen Topf mit 200 ml Wasser und dem Johannisbrotkernmehl verrühren. Vanilleschote längs aufschneiden, das Mark herauskratzen, Schote und Mark in den Topf geben. Mandelmus, Zimt und 1 Prise Salz zugeben. Die Mischung unter Rühren langsam aufkochen und 2–3 Min. bei milder Hitze offen köcheln lassen, bis die Suppe leicht andickt.
2. Inzwischen die Himbeeren verlesen, kurz abbrausen und abtropfen lassen. Zitronenmelisse waschen, trockenschütteln und die Blätter abzupfen.
3. Die Mandelsuppe vom Herd nehmen, Vanilleschote entfernen. Suppe mit Limettensaft abschmecken und in Schalen anrichten. Mit Himbeeren und Zitronenmelisse bestreuen und sofort servieren.

Herzhafte Alternative

Auch wenn Sie nicht auf süßes Frühstück stehen, müssen Sie auf diese gesunde Suppe nicht verzichten: Würzen Sie einfach statt mit Vanille und Zimt mit Kreuzkümmel, Kurkuma, Paprikapulver und Kardamom.

SPITZKOHL-PAPRIKA-PFANNE MIT PFIFFERLINGEN

Dank Haselnussmus bekommt diese herzhafte Verbindung von Spitzkohl und Pfifferlingen die gewisse Cremigkeit und ordentlich Aroma. So fix haben Sie noch nie eine Gemüsepfanne gekocht!

Für 2 Portionen
20 Min. Zubereitung
Pro Portion ca. 270 kcal, 9 g E, 19 g F, 10 g KH, 10 g BST

½ Spitzkohl (ca. 350 g)
1 rote Paprika (ca. 180 g)
1 rote Zwiebel (ca. 80 g)
125 g Pfifferlinge (ersatzweise kleine Kräuterseitlinge)
2 EL Olivenöl
Salz
Pfeffer
1 TL getrockneter Thymian
25 g Haselnussmus (ersatzweise braunes Mandelmus)
½ TL edelsüßes Paprikapulver
½ Bund Schnittlauch

LOW CARB · SCHNELL GEKOCHT · VEGAN FOOD

1. Den Spitzkohl waschen, putzen, dabei den dicken Strunk keilförmig herausschneiden, dann den Kohl in ca. 2 cm breite Streifen schneiden. Paprika halbieren, putzen, entkernen, waschen und klein würfeln. Zwiebel schälen, halbieren und in feine Streifen schneiden. Pfifferlinge putzen, abreiben und grob in Stücke schneiden.

2. Das Öl in einer großen Pfanne erhitzen. Pfifferlinge bei mittlerer bis starker Hitze rundherum ca. 3 Min. anbraten. Dann Spitzkohl, Paprika und Zwiebel zugeben und unter Wenden 2–3 Min. bei mittlerer Hitze mitbraten. Mit Salz, Pfeffer und Thymian würzen.

3. Haselnussmus mit 50 ml Wasser verrühren, unter das Gemüse mischen und bei mittlerer Hitze zugedeckt ca. 5 Min. dünsten.

4. Gemüse mit Salz, Pfeffer und Paprikapulver abschmecken. Schnittlauch abbrausen, trockenschütteln und in Röllchen schneiden. Gemüse anrichten und mit Schnittlauch bestreut servieren.

TAG 3: Abendessen – Vorschlag 1

GUACAMOLE MIT LEINSAMEN-CRACKERN

Mit diesem pikanten Avocado-Dip zum Stippen wandern die selbst gemachten Leinsamen-Cracker von Seite 155 direkt von der Hand in den Mund – knackig-gesunder Knabberspaß!

Für 2 Portionen
15 Min. Zubereitung
Pro Portion ca. 220 kcal, 5 g E, 19 g F, 10 g KH, 10 g BST

---

1 reife Avocado (ca. 200 g)
2 EL Limettensaft
1 Tomate (ca. 80 g)
½ rote Peperoni (Pfefferschote)
1 Frühlingszwiebel
1 kleine Knoblauchzehe
½ TL gemahlener Kreuzkümmel
Salz
6 Stängel Koriandergrün
6 Mohn-Leinsamen-Cracker
(Rezept Seite 155)

LOW CARB · SCHNELL GEKOCHT · VEGAN FOOD

1. Die Avocado halbieren, Kern entfernen und das Fleisch mit einem Esslöffel aus der Schale heben. Limettensaft darüberträufeln und mit einer Gabel fein zerdrücken.
2. Tomate waschen, vom Stielansatz befreien, vierteln, entkernen und die Viertel fein würfeln. Peperoni waschen, putzen, je nach Belieben entkernen und fein würfeln. Frühlingszwiebel waschen, putzen und in feine Ringe schneiden. Knoblauch schälen, dazupressen. Alles mit Kreuzkümmel und etwas Salz unter das Avocadopüree mischen.
3. Koriandergrün kurz abbrausen, trockenschütteln, Blätter abzupfen und bis auf einige Blätter fein schneiden und untermischen. Die Guacamole bei Bedarf nachwürzen. Dip mit restlichem Koriander bestreut servieren. Cracker zum Stippen dazu reichen.

Die Guacamole passt als Aufstrich auch wunderbar auf das Nuss-Saaten-Brot mit zarten Haferflocken von *Seite 154*.

TOMATEN-AVOCADO-SALAT MIT PINIENKERNEN

Knackfrisches Gemüse mit Avocado und Vinaigrette liefert Power satt für den Tag und reichlich herzschützendes Vitamin E. So können Sie voll durchstarten!

Für 2 Portionen
20 Min. Zubereitung
Pro Portion ca. 240 kcal, 3 g E, 20 g F, 9 g KH, 5 g BST

- 4 kleine Tomaten (ca. 150 g)
- 1 ½ Mini-Salatgurke (ca. 150 g)
- 1 kleine reife Avocado (ca. 160 g)
- 1 Frühlingszwiebel
- 10 g Pinienkerne
- 2 EL Aceto balsamico bianco
- Salz
- Pfeffer
- 2 EL Olivenöl
- 2 Stängel Basilikum

Low Carb · Schnell gekocht · Vegan Food

1. Die Tomaten waschen, von den Stielansätzen befreien und quer in Scheiben schneiden. Gurken waschen, putzen und ebenfalls in dünne Scheiben schneiden. Avocado längs halbieren, den Kern entfernen, das Fruchtfleisch mit einem Löffel am Stück aus der Schale heben und in ca. 0,5 cm dicke Scheiben schneiden. Frühlingszwiebel waschen, putzen und in feine Ringe schneiden.

2. Die Pinienkerne in einer kleinen Pfanne ohne Fett bei mittlerer Hitze goldbraun rösten. Vom Herd nehmen und abkühlen lassen.

3. Tomaten-, Gurken- und Avocadoscheiben auf Teller verteilen, mit der Frühlingszwiebel bestreuen. Essig, Salz, Pfeffer und Öl verrühren und darüberträufeln. Basilikum kurz abbrausen, trockenschütteln, Blätter abzupfen. Mit den Pinienkernen auf den Salat streuen und servieren.

Gesunde Fette

Die Avocado enthält viele einfach und mehrfach ungesättigte Fettsäuren. Diese haben einen positiven Einfluss auf die Blutfettwerte und können so Herz- und Gefäßkrankheiten vorbeugen. Zudem wirken sie blutdrucksenkend.

Ungeschält und mit Kern in Folie verpackt können Sie angeschnittene Avocados im Kühlschrank aufbewahren, ohne dass diese braun werden.

BUNTER SALAT MIT OFENGEMÜSE

Harissa ist das Würzgeheimnis dieser Blumenkohl-Mischung vom Blech. Während das Gemüse im Ofen brutzelt, wird der Salat vorbereitet. Großes Aromakino zum Sattsehen und -essen!

Für 2 Portionen
30 Min. Zubereitung
Pro Portion ca. 295 kcal, 8 g E, 21 g F, 12 g KH, 12 g BST

---

300 g Blumenkohl
2 kleine Zucchini (ca. 300 g)
1 rote Zwiebel (ca. 80 g)
4 EL Olivenöl
1 TL Harissa (scharfe Würzpaste)
Salz
Pfeffer
250 g Kirschtomaten (rot, gelb)
3 Artischockenherzen (Dose; ca. 100 g)
5 Stängel Petersilie
3 EL Weißweinessig

LOW CARB · SCHNELL GEKOCHT · VEGAN FOOD

1. Den Backofen auf 220° vorheizen. Blumenkohl waschen, putzen und in kleine Röschen teilen. Zucchini waschen, putzen, längs halbieren und die Hälften schräg in ca. 1,5 cm breite Stücke schneiden. Zwiebel schälen und in Spalten schneiden.

2. In einer Schüssel 2 EL Öl, Harissa, Salz und Pfeffer verrühren. Blumenkohl, Zucchini und Zwiebel dazugeben und im Würzöl gründlich wenden. Gemüse auf einem mit Backpapier belegten Blech verteilen und im heißen Ofen (Mitte) ca. 20 Min. rösten.

3. Inzwischen Tomaten waschen und halbieren. Artischockenherzen abtropfen lassen und vierteln. Petersilie waschen, trockenschütteln, Blätter abzupfen und fein hacken. Essig, Salz, Pfeffer und übriges Öl in einer großen Schüssel verrühren, Tomaten, Artischocken und Petersilie dazugeben und mischen.

4. Das Ofengemüse herausnehmen, ca. 5 Min. abkühlen lassen, dann zum Tomatensalat geben und vorsichtig untermischen. Mit Salz und Pfeffer abschmecken und lauwarm servieren.

Für nicht fastende Gäste: Servieren Sie zu diesem Salat noch ein paar Schälchen mit verschiedenen Oliven und Mandeln.

TAG 3: Abendessen – Vorschlag 2

KÜRBISSUPPE MIT INGWER-CROÛTONS

Die cremige Suppe mit Hokkaido zaubert Farbe auf den Tisch. Curry und Ingwer bringen die richtige Schärfe. Croûtons on top runden die Exotin mit Nussbiss ab.

Für 2 Portionen

25 Min. Zubereitung

Pro Portion ca. 260 kcal, 6 g E, 19 g F, 13 g KH, 7 g BST

---

200 g Hokkaidokürbis
1 kleine Petersilienwurzel (ca. 75 g)
1 kleine rote Zwiebel (ca. 60 g)
1 Stück Ingwer (ca. 10 g)
2 EL Olivenöl
½ TL Currypulver
400 ml Gemüsebrühe
Salz
Pfeffer
1 Scheibe Nuss-Saaten-Brot (ca. 50 g; *Rezept Seite 154)*
1 EL Zitronensaft
¼ Bund Schnittlauch

LOW CARB · SCHNELL GEKOCHT · VEGAN FOOD

1. Den Kürbis waschen, entkernen und mit Schale in ca. 2 cm große Stücke schneiden. Petersilienwurzel putzen, schälen und klein würfeln. Zwiebel und Ingwer schälen und fein würfeln.

2. In einem Topf 1 EL Öl erhitzen, Zwiebel und die Hälfte des Ingwers bei mittlerer Hitze ca. 2 Min. dünsten. Kürbis und Petersilienwurzel 2–3 Min. mitdünsten. Curry darüberstäuben, kurz andünsten. Mit Brühe auffüllen, leicht salzen und pfeffern und die Suppe zugedeckt bei mittlerer Hitze ca. 20 Min. kochen.

3. Inzwischen das Brot in knapp 1 cm große Würfel schneiden. Übriges Öl in einer kleinen Pfanne erhitzen, Brotwürfel darin bei mittlerer Hitze ca. 3 Min. rösten, übrigen Ingwer kurz mitbraten. Vom Herd nehmen und abkühlen lassen.

4. Die Suppe mit dem Pürierstab sehr fein pürieren, mit Salz und Zitronensaft abschmecken. Schnittlauch abbrausen, trockenschütteln und in Röllchen schneiden. Suppe in tiefe Teller füllen, mit Croûtons und Schnittlauch bestreut servieren.

TAG 3: Frühstück – Vorschlag 3

GRÜNE SMOOTHIE-BOWL MIT GRANOLA

Diese Schüssel Grünes mit Limettenfrische ist ein Glücksgriff für Ihre Gesundheit: Das blutbildende Eisen aus dem Spinat kann am besten in Verbindung mit Vitamin C verwertet werden.

Für 2 Portionen
20 Min. Zubereitung
Pro Portion ca. 230 kcal, 8 g E, 12 g F, 18 g KH, 7 g BST

---

20 g Mandeln
10 g Sonnenblumenkerne
10 g ungeschälter Sesam
1 TL natives Kokosöl
¼ TL Zimtpulver
¼ TL gemahlener Ingwer
2 Mini-Romanasalate (à ca. 100 g)
75 g Baby-Spinat
1 leicht grüne, etwas unreife Banane (ca. 150 g)
½ TL Matcha-Pulver
2 EL Limettensaft
50 g Himbeeren

---

1. Mandeln hacken, mit Sonnenblumenkernen und Sesam mischen. Kokosöl in einer mittelgroßen Pfanne zerlassen und den Nuss-Saaten-Mix darin bei mittlerer Hitze ca. 5 Min. rösten. Vom Herd nehmen, Zimt und Ingwer untermischen und die Knusper-Mischung (Granola) auf einem Teller abkühlen lassen.

2. Inzwischen die Salate putzen, waschen und trockenschleudern, Blätter in breite Streifen schneiden. Spinat verlesen, waschen und abtropfen lassen. Banane schälen und grob in Stücke schneiden. Salat, Spinat und Banane mit dem Matchapulver, Limettensaft und 200 ml kaltem Wasser in den Standmixer geben und alles erst auf kleiner, dann auf höchster Stufe fein pürieren.

3. Smoothie auf Schalen verteilen. Himbeeren verlesen, vorsichtig waschen und trockentupfen. Himbeeren und Granola auf die Bowl geben und servieren.

Wenn Sie die Banane in Stücke geschnitten in einem Gefrierbeutel über Nacht einfrieren, erhält der Smoothie eine festere Konsistenz.

TAG 3: Mittagessen – Vorschlag 3

ROHKOST-SALAT MIT ASIATISCHER NOTE

Chili und Limette geben im Dressing zu diesem Asia-Salat den Ton an und vereinen sich mit knackigem Gemüse zu einer leicht verschärften Mischung. Stäbchen auspacken und genießen!

Für 2 Portionen
25 Min. Zubereitung
Pro Portion ca. 200 kcal, 3 g E, 14 g F, 12 g KH, 4 g BST

---

1 kleine rote Chilischote
½ Bio-Limette
2 EL Sojasauce (z. B. Tamari)
2 EL Traubenkernöl
1 TL geröstetes Sesamöl
Pfeffer
80 g vorgegarte Rote Bete (vakuumiert)
1 Mini-Salatgurke (ca. 100 g)
75 g Radieschen
1 Möhre (ca. 60 g)
100 g Radicchio
50 g Mini-Romanasalat
4 Stängel Koriandergrün

LOW CARB · SCHNELL GEKOCHT · VEGAN FOOD

1. Die Chilischote waschen, putzen, entkernen und sehr klein würfeln. Limette heiß waschen, trockenreiben, Schale fein abreiben und den Saft auspressen. In einer Schüssel Limettensaft und -schale, Sojasauce, Traubenkern- und Sesamöl sowie Pfeffer verrühren.

2. Rote Bete in ca. 1 cm große Würfel schneiden. Gurke waschen, putzen und klein würfeln. Radieschen waschen, putzen und in feine Scheiben schneiden. Möhre putzen, schälen und in feine Stifte schneiden. Radicchio und Romanasalat waschen, putzen, trockenschleudern und mundgerecht zerpflücken.

3. Salate, Radieschen, Rote Bete, Gurke und Möhre in die Schüssel mit dem Dressing geben, vorsichtig vermengen und auf Tellern anrichten. Koriander abbrausen, trockenschütteln, Blätter abzupfen, auf den Salat streuen und den Rohkost-Salat servieren.

Im Spätherbst und Winter können Sie auch frische Rote Bete verwenden. Beim Schälen und Schneiden am besten Einweghandschuhe tragen, da der rote Saft Spuren hinterlässt.

GEMÜSE-CURRY MIT CASHEWKERNEN

Soulfood vom Feinsten: Grüner Spargel, Möhren und Pak Choi tummeln sich in würziger Kokosmilch – der Scharfmacher in dieser Runde ist rote Currypaste.

Für 2 Portionen
30 Min. Zubereitung
Pro Portion ca. 340 kcal, 8 g E, 27 g F, 16 g KH, 7 g BST

---

300 g grüner Spargel
2 große Möhren (ca. 200 g)
2 Pak Choi (ca. 200 g)
1 rote Zwiebel (ca. 80 g)
1 Stange Zitronengras
1 EL helles Sesamöl
2 TL rote Currypaste (vegan)
160 ml Kokosmilch (Dose)
200 ml Gemüsebrühe
20 g Cashewkerne
Salz
2 TL Limettensaft
6 Stängel Koriandergrün

LOW CARB · SCHNELL GEKOCHT · VEGAN FOOD

1. Spargel waschen, im unteren Drittel schälen, die Enden abschneiden und die Stangen in ca. 3 cm breite Stücke schneiden. Möhren putzen, schälen und schräg in ca. 0,5 cm breite Scheiben schneiden. Pak Choi waschen, putzen, längs halbieren. Das Weiße in ca. 0,5 cm breite Streifen schneiden, die Blätter in ca. 2 cm breite Streifen schneiden. Zwiebel schälen, halbieren und in dünne Spalten schneiden. Zitronengras putzen, die unteren 10 cm etwas flach klopfen.

2. Öl in einer Pfanne erhitzen. Spargel, Möhren, Zwiebel, das Weiße vom Pak Choi und Zitronengras darin bei mittlerer Hitze ca. 3 Min. anbraten. Currypaste zugeben und kurz mitbraten. Kokosmilch und Brühe zugießen, einmal aufkochen und offen bei mittlerer Hitze 7–8 Min. einkochen lassen.

3. Inzwischen die Cashewkerne in einer Pfanne ohne Fett rösten. Abkühlen lassen, dann grob hacken. Zitronengras aus dem Curry entfernen, Curry mit Salz und Limettensaft abschmecken. Pak-Choi-Blätter zufügen und im Curry kurz erwärmen.

4. Koriander abbrausen, trockenschütteln und die Blätter abzupfen. Curry anrichten und mit Cashewkernen und Koriander bestreut servieren.

Gut zu wissen!

Die Welt unserer Lebensmittel ist bunt und vielseitig. Oft steckt in einem kleinen Samenkorn eine riesige Portion Gesundheit. Oft liegt es dann aber auch an der richtigen Zubereitung, ob wir diese Extraportion optimal aufnehmen können. Mit den Infos auf dieser Seite wollen wir Ihnen helfen, wichtige Zutaten unserer Scheinfastenrezepte voll auszukosten.

MATCHA STATT KAFFEE

Matcha (japanisch: »gemahlener Tee«) ist ein grünes, sehr feines Grüntee-Pulver, das aus den jungen Blattspitzen von Tencha-Tee gewonnen wird. Eine Tasse Matcha-Tee liefert etwa so viel Koffein wie Espresso, macht aber auf sanftere Art munter. Die reichlich enthaltene Aminosäure L-Theanin hilft beim Entspannen und Stressreduzieren, außerdem kann sie die Stimmung heben sowie die Gehirnleistung verbessern. Weiteres Plus: Matcha punktet mit vielen Antioxidantien, vor allem Catechinen. Diese wirken entzündungshemmend und sorgen für gesunde Arterien und Zellen.

AM BESTEN NATIV EXTRA

Wer regelmäßig zu kalt gepresstem Olivenöl der Güteklasse »natives Olivenöl extra« oder »extra vergine« greift, tut seiner Gesundheit viel Gutes. Da bei der Pressung des Öls die Temperatur unter 40 Grad liegen muss, bleiben gesunde Inhaltstoffe wie Polyphenole (sekundäre Pflanzenstoffe) und einfach ungesättigte Fettsäuren erhalten. Natives Olivenöl sollte im Idealfall kalt verwendet werden, zum Beispiel für Dressings, Saucen und Dips. Man kann es aber zum sanften Braten auch leicht erhitzen. Vorsicht ist beim scharfen Anbraten geboten! Bei starker Hitze wird der Rauchpunkt, der bei 130 bis 175 Grad liegt, schnell überschritten, dabei gehen wertvolle Antioxidantien verloren.

JUNG UND ZART

Schon im März kommt junger Blattspinat, auch Baby-Spinat genannt, aus dem heimischen Freilandanbau auf den Markt. Er ist besonders zart und lässt sich roh oder gedünstet ohne größeren Putzaufwand samt seinen Stielen verzehren. Er enthält kaum Kohlenhydrate, dafür liefert er viel Vitamin A für gesunde

Haut, Magnesium für die Muskeln, zellschützendes Vitamin E sowie Kalium, das sanft entwässernd wirkt. Genießen Sie Baby-Spinat im Smoothie, Salat oder kurz gedünstet in der Suppe. Dann am besten einen Teil der jungen Blätter zum Schluss frisch mitpürieren, denn roh bleibt auch das Vitamin C gut erhalten und bringt zusammen mit Spurenelementen wie Mangan, Eisen und Zink den Stoffwechsel in Schwung und Sauerstoff in die Zellen.

GERNE ROH

Rohe Zucchini sind sehr gesund. Neben viel Wasser liefern sie wichtige Vitamine (B-Vitamine, Vitamin C, Beta-Carotin), Mineralstoffe (Kalzium, Magnesium) und das Spurenelement Eisen. Beim Kochen gehen diese Nährstoffe teilweise verloren. Auch wer Brokkoli als Rohkost isst, tut seiner Gesundheit viel Gutes: Vitamin C, Pantothensäure und wichtige Mineralstoffe wie Kalzium, Magnesium und Kalium, die uns Brokkoli liefert, sind nämlich hitzeempfindlich. Allerdings kann der rohe Kohl bei empfindlichen Menschen zu Bauchschmerzen oder Blähungen führen. Dagegen hilft folgender Trick: Brokkoli fein hacken und mit frischer Minze kombinieren. Das in dem Kraut enthaltene ätherische Öl Menthol wirkt entspannend und krampflösend im ganzen Verdauungstrakt.

BEVORZUGT GEKOCHT

Tomaten sind eine super Quelle für Lycopin, ein Carotinoid, das für die rote Farbe verantwortlich ist. Im Gegensatz zu vielen wärmeempfindlichen sekundären Pflanzenstoffen benötigt Lycopin Hitze, um vom Körper optimal verwertet werden zu können. Produkte aus gekochten Tomaten wie Tomatenmark und Dosentomaten sind besonders reich an Lycopin, das als starker Zellschützer wirkt.

KLEIN, ABER OHO

Flohsamen sind die unscheinbaren Samen von Wegerichgewächsen, die überwiegend in Indien und Pakistan angebaut werden und optisch an Flöhe erinnern. Vor allem in den Samenschalen stecken reichlich lösliche Ballaststoffe beziehungsweise Schleimstoffe, die große Mengen Wasser binden können. Diese quellen im Darm auf, wodurch die Verdauung angeregt und Verstopfung vermieden wird. Aufgrund ihrer hervorragenden Quellfähigkeit eignen sich Flohsamenschalen sehr gut zum Backen von Brot.

Tag 4 – Höhepunkt

Erleben Sie kleine Glücksmomente, wenn Sie Gemüse oder Salate schnippeln, anmachen, braten oder dünsten. Selberkochen ist Genuss pur – und da Gemüse & Co dank des hohen Anteils an Wasser und Ballaststoffen auch noch kalorienarm sind, können Sie sich daran so richtig satt essen.

TAG 4: Frühstück – Vorschlag 1

KURKUMA-LATTE MIT HAFERFLOCKEN

Beamen Sie sich morgens mit einer warmen »Golden Milk« nach Indien. Schon die dank Kurkuma leuchtend goldgelbe Farbe des gesunden Drinks macht gute Laune.

Für 2 Portionen
10 Min. Zubereitung
Pro Portion ca. 160 kcal, 3 g E, 12 g F, 9 g KH, 2 g BST

1 Stück Kurkuma (ca. 10 g, ersatzweise 1 TL Kurkumapulver)
1 Stück Ingwer (ca. 10 g)
20 g zarte Haferflocken
400 ml ungesüßter Mandeldrink
100 ml Kokosmilch
½ TL Zimtpulver
schwarzer Pfeffer aus der Mühle

LOW CARB · SCHNELL GEKOCHT · VEGAN FOOD

1. Kurkuma und Ingwer schälen und sehr klein würfeln. Zusammen mit Haferflocken, Mandeldrink, Kokosmilch, ¼ TL Zimt und 1 Prise Pfeffer in den Mixer geben und alles gut durchmixen.
2. Die Gewürz-Milch in einen kleinen Topf gießen, kurz aufkochen lassen, dann zugedeckt bei milder Hitze ca. 5 Min. ziehen lassen, danach nach Belieben mit einem Schneebesen schaumig aufschlagen.
3. Die Kurkuma-Latte in zwei Tassen gießen, mit dem restlichen Zimt bestäuben und sofort servieren.

Gesunder Trinkgenuss

Der »Golden Milk« werden in der Ayurveda-Küche viele heilende und gesundheitsfördernde Eigenschaften nachgesagt. Dank Kurkuma (Gelbwurz) soll das Getränk als Schutz gegen zellschädigende freie Radikale wirken. Darüber hinaus hat es einen stark entzündungshemmenden Effekt, stärkt das Immunsystem und unterstützt die Verdauung. Statt Mandeldrink können Sie als Basis auch ungesüßten Cashew- oder Haferdrink nehmen.

GEMÜSESPIESSE AGLIO OLIO

Mediterranes Glück, einfach und schnell. Diese kräuterwürzig marinierten Gemüsespieße bringen Farbe in die Pfanne – und viel Knoblauch!

Für 2 Portionen
30 Min. Zubereitung
Pro Portion ca. 350 kcal, 9 g E, 26 g F, 17 g KH, 10 g BST

---

1 kleine rote Zwiebel
je 1 kleine rote und gelbe Paprika
1 kleiner Zucchino (ca. 125 g)
3 EL Olivenöl
1 TL getrockneter Thymian
1 TL getrockneter Oregano
Pfeffer
1 rote Peperoni (Pfefferschote)
2 Knoblauchzehen
Salz
2 Scheiben Nuss-Saaten-Brot (à 50 g; *Rezept Seite 154)*
Außerdem: 4 Schaschlikspieße

LOW CARB · SCHNELL GEKOCHT · VEGAN FOOD

1. Die Zwiebel schälen und in breite Spalten schneiden. Paprika vierteln, putzen, waschen und in ca. 2 cm große Stücke schneiden. Zucchino waschen, putzen und in ca. 0,5 cm dicke Scheiben schneiden. Das Gemüse abwechselnd auf die Spieße stecken.
2. 2 EL Öl mit Thymian, Oregano und Pfeffer verrühren. Gemüsespieße damit rundum bestreichen und ca. 10 Min. marinieren. Inzwischen die Peperoni waschen, putzen und in feine Ringe schneiden. Knoblauch schälen und in dünne Scheiben schneiden.
3. Das restliche Öl in einer Grillpfanne erhitzen, Spieße darin 10–12 Min. von allen Seiten braten, in der letzten Minute Peperoni und Knoblauch mitbraten. Die Spieße salzen, anrichten und mit dem Knoblauch-Peperoni-Öl beträufeln. Je eine Scheibe Brot dazu servieren.

Bunt und gesund

Der Gemüsemix liefert viele wertvolle Inhaltsstoffe: Paprika stecken voller Vitamin C, welches das Immunsystem pusht. Zucchini liefert reichlich Kalium und Magnesium. Zwiebeln und Knoblauch sind reich an schwefel- und sulfidhaltigen Substanzen, die vor Krebs und Herz-Kreislauf-Erkrankungen schützen.

SCHNELLE PILZSUPPE MIT PISTAZIEN

Knoblauchwürzige Champignons und Sellerie verbinden sich mit Mandelsahne zu einer angenehm cremigen Suppe. Mit Petersilie und Pistazien on top absolut gästetauglich.

Für 2 Portionen
20 Min. Zubereitung
Pro Portion ca. 240 kcal, 7 g E, 20 g F, 4 g KH, 6 g BST

---

250 g weiße und braune Champignons
150 g Knollensellerie
1 Knoblauchzehe
1 EL Olivenöl
Salz
Pfeffer
300 ml Gemüsebrühe
½ Bund Petersilie
50 ml Mandelsahne (Creme Cusine)
1 TL Zitronensaft
frisch geriebene Muskatnuss
1 EL ungesalzene Pistazienkerne

LOW CARB · SCHNELL GEKOCHT · VEGAN FOOD

1. Die Pilze putzen, abreiben und 50 g beiseitelegen, die übrigen Champignons würfeln. Sellerie putzen, schälen und klein würfeln. Knoblauch schälen und fein würfeln.
2. Das Öl in einem Topf erhitzen, Pilze, Sellerie und Knoblauch bei mittlerer Hitze ca. 3 Min. anbraten, salzen und pfeffern. Brühe zugeben, aufkochen und zugedeckt bei mittlerer Hitze ca. 10 Min. kochen lassen.
3. Inzwischen die Petersilie waschen, trockenschütteln, die Blätter abzupfen und 1 EL davon zum Garnieren beiseitelegen. Suppe vom Herd nehmen, Petersilie und Mandelsahne zufügen und mit dem Pürierstab fein pürieren. Erneut aufkochen, mit Salz, Pfeffer, Zitronensaft und Muskat abschmecken.
4. Übrige Pilze feinblättrig schneiden, Petersilie und Pistazien hacken. Suppe in tiefen Tellern anrichten, mit Pilzscheiben, Pistazien und Petersilie bestreut servieren.

TAG 4: Frühstück – Vorschlag 2

TOMATEN-CHILI-HUMMUS IM CHICORÉE-BLATT

Fingerfood mit Fitnessfaktor: Heute wird das pikante Kichererbsenpüree mit getrockneten Tomaten und Sesampaste einmal auf knackfrische Chicorée-Blätter gebettet. So macht Frühstück Freude!

Für 2 Portionen
20 Min. Zubereitung
Pro Portion ca. 170 kcal, 5 g E, 11 g F, 10 g KH, 4 g BST

---

2 TL ungeschälter Sesam
20 g getrocknete Tomaten in Öl
1 kleine Dose Kichererbsen (65 g Abtropfgewicht)
2 TL Tahin (Sesampaste)
1 EL Olivenöl
1 TL Tomatenmark
2 TL Zitronensaft
Salz
¼ TL Pul Biber (scharfe Paprikaflocken)
¼ TL gemahlener Kreuzkümmel
6 Chicorée-Blätter (ca. 100 g)
4 Stängel Koriandergrün

LOW CARB · SCHNELL GEKOCHT · VEGAN FOOD

1. Den Sesam in einer kleinen beschichteten Pfanne ohne Fett goldbraun rösten. Vom Herd nehmen und auf einem Teller abkühlen lassen.

2. Die Tomaten abtropfen lassen und grob schneiden. Kichererbsen abgießen, in einem Sieb kalt abbrausen und abtropfen lassen. Tomaten und Kichererbsen mit Tahin, Olivenöl, Tomatenmark, Zitronensaft und 1 EL Wasser in ein hohes Rührgefäß geben und mit dem Pürierstab fein pürieren.

3. Tomaten-Hummus mit Salz, Pul Biber und Kreuzkümmel abschmecken. Chicorée-Blätter waschen und putzen. Koriander abbrausen, trockenschütteln und die Blätter abzupfen. Tomaten-Hummus in den Chicorée-Blättern anrichten und mit Sesam und Koriander bestreut servieren.

Bitter macht fitter!

Chicorée ist wegen seiner Bitterstoffe extrem gesund. Sie sind eine Wohltat für Verdauung und Stoffwechsel und ein Geheimtipp gegen Heißhunger, denn sie hemmen den Appetit.

Top für den Vorrat: Den Hummus können Sie im Kühlschrank etwa zehn Tage lang aufbewahren.

GRÜNE MINESTRONE MIT OLIVENPESTO

Mit jeder Menge Vitalstoffen bringen Zucchino, Wirsing, Fenchel und Erbsen Schwung in die Gemüsesuppe. Das Oliven-Pesto pusht obendrein mit kräftiger Würze.

Für 2 Portionen
30 Min. Zubereitung
Pro Portion ca. 380 kcal, 10 g E, 29 g F, 14 g KH, 10 g BST

---

50 g schwarze Oliven (z. B. Kalamata)
5 Stängel Petersilie
20 g Mandeln
3 EL Olivenöl
Salz
Pfeffer
1 kleiner Fenchel (ca. 200 g)
150 g Wirsing
1 kleiner Zucchino (ca. 150 g)
75 g TK-Erbsen
2 Stängel Oregano
600 ml Gemüsebrühe
2 Stängel Basilikum

LOW CARB · SCHNELL GEKOCHT · VEGAN FOOD

1. Für das Pesto die Oliven abtropfen lassen, Fruchtfleisch vom Stein schneiden. Petersilie waschen, trockenschütteln und die Blätter abzupfen. Oliven, Petersilie, Mandeln und Olivenöl im Blitzhacker fein zerkleinern, mit Salz und Pfeffer abschmecken und beiseitestellen.

2. Fenchel und Wirsing waschen, putzen, vom Strunk befreien und in feine Streifen schneiden. Zucchino waschen, putzen, längs halbieren und in ca. 0,5 cm dicke Scheiben schneiden. Erbsen antauen lassen. Oregano abbrausen, trockenschütteln, Blätter abzupfen und fein hacken.

3. Die Brühe in einem Topf aufkochen. Fenchel, Wirsing, Zucchino, Erbsen und Oregano zugeben, aufkochen und ca. 5 Min. bei mittlerer Hitze offen kochen lassen. Mit Salz und Pfeffer abschmecken.

4. Basilikum abbrausen, trockenschütteln und die Blätter abzupfen. Suppe in tiefen Tellern mit dem Basilikum anrichten und mit dem Oliven-Pesto servieren.

SELLERIE-POMMES MIT TOMATEN-PAPAYA-DIP

Sellerie-Fritten sind eine einfache und würzige Alternative zu Kartoffelpommes – und mit selbst gemachtem Curry-Ketchup ein echtes Dreamteam.

Für 2 Portionen
20 Min. Zubereitung •
20 Min. Backen
Pro Portion ca. 230 kcal, 4 g E, 16 g F, 11 g KH, 10 g BST

---

1 kleiner Knollensellerie (ca. 500 g)
3 EL Olivenöl
Salz
Pfeffer
1 TL geräuchertes Paprikapulver
1 kleine Zwiebel
1 Knoblauchehe
1 TL Tomatenmark
¼ TL Currypulver
200 g stückige Tomaten (Dose)
100 g Papaya

---

1. Den Backofen auf 220° vorheizen. Sellerie putzen, schälen, waschen und erst in ca. 1,5 cm dicke Scheiben, dann in ca. 6 cm lange Stifte schneiden. In einer Schüssel 2 EL Öl, ½ TL Salz, ¼ TL Pfeffer und Paprikapulver verrühren. Die Sellerie-Stifte dazugeben und in der Marinade gründlich wenden.
2. Die Sellerie-Pommes auf einem mit Backpapier ausgelegten Backblech verteilen. Die Sticks im heißen Ofen (Mitte) in 20–25 Min. goldbraun rösten und nach der Hälfte der Backzeit wenden.
3. Für den Dip Zwiebel und Knoblauch schälen und fein würfeln. Das restliche Öl in einer Kasserolle erhitzen und Zwiebel und Knoblauch bei mittlerer Hitze 2–3 Min. darin dünsten. Tomatenmark und Curry einrühren, kurz mitdünsten. Tomaten zugeben, aufkochen und die Sauce offen bei milder bis mittlerer Hitze ca. 10 Min. einkochen lassen.
4. Inzwischen Papaya entkernen, schälen und in Stücke schneiden. Sauce vom Herd nehmen, Papaya zufügen und alles mit dem Pürierstab fein pürieren. Mit Salz und Pfeffer würzen. Dip etwas abkühlen lassen, dann mit den Sellerie-Pommes anrichten und servieren.

Den Knollensellerie können Sie durch Petersilienwurzel, Kohlrabi, bunte Möhren und Zucchini ergänzen oder ersetzen.

TAG 4: Frühstück – Vorschlag 3

SMOOTHIE MIT MATCHA UND MANDELMILCH

Ein leicht herber Matcha-Latte aus Grüntee-Pulver und Mandeldrink ist die Basis für diesen Muntermacher-Smoothie. Pak Choi, Ingwer und Kokosöl sorgen für einen exotischen Touch.

Für 2 Portionen
20 Min. Zubereitung
Portion ca. 120 kcal, 2 g E, 7 g F, 9 g KH, 4 g BST

1 TL Matcha (Grüntee-Pulver)
300 ml ungesüßter Mandeldrink
150 g Pak Choi
4 Stängel Koriandergrün
1 Stange Staudensellerie mit Grün (ca. 50 g)
½ Banane (ca. 75 g)
1 Stück Ingwer (ca. 15 g)
2 EL Limettensaft
2 TL natives Kokosöl

SCHNELL GEKOCHT · VEGAN FOOD

1. 100 ml Wasser auf 80° erhitzen. Matcha in einer Schale oder Tasse gut mit dem heißen Wasser verquirlen, dann den Matcha-Mix mit dem Mandeldrink verrühren.

2. Pak Choi waschen, putzen und vom Strunk befreien. Blätter und das Weiße in grobe Stücke schneiden. Koriander abbrausen, trockenschütteln und die Blätter abzupfen. Sellerie waschen, putzen, Blätter abschneiden, Sellerie in grobe Stücke schneiden. Banane schälen und grob schneiden. Ingwer schälen und fein würfeln.

3. Pak Choi, Sellerie, Banane, Koriandergrün, Ingwer und Limettensaft in den Standmixer geben. Matcha-Mandel-Milch und Kokosöl dazugießen, alles erst auf kleiner, dann auf höchster Stufe cremig-fein pürieren. Smoothie auf zwei Gläser verteilen und sofort genießen.

Die Senföle im Pak Choi, der auch Senfkohl genannt wird, unterstützen die Abwehrkräfte und wirken positiv auf Magen und Darm.

TAG 4: Mittagessen – Vorschlag 3

ASIA-GEMÜSENUDELN MIT ERDNUSSSAUCE

Dieser bunte Pasta-Mix aus Spitzkohl, Möhren und Paprika mit würziger Chili-Limetten-Erdnusssauce ist der Lunch-Hit – vitalstoffreich und auch zum Mitnehmen geeignet.

Für 2 Portionen
30 Min. Zubereitung
Pro Portion ca. 320 kcal, 7 g E, 26 g F, 13 g KH, 7 g BST

---

2 Möhren (à ca. 60 g)
200 g Spitzkohl
1 rote Paprika (ca. 175 g)
1 kleine rote Chilischote
1 Knoblauchzehe
100 ml Kokosmilch
125 ml Gemüsebrühe
20 g Erdnussmus
2 EL Sojasauce (z. B. Tamari)
2 EL Limettensaft
2 EL helles Sesamöl
Salz
Pfeffer

LOW CARB · SCHNELL GEKOCHT · VEGAN FOOD

1. Die Möhren putzen, schälen und mit dem Spiralschneider in dünne, lange Streifen schneiden. Spitzkohl waschen, putzen, vom Strunk befreien und in feine Streifen schneiden. Paprika vierteln, putzen, waschen und die Viertel quer in feine Streifen schneiden. Chilischote waschen, putzen, längs aufschneiden, entkernen und in kleine Würfel schneiden. Knoblauch schälen und ebenfalls fein würfeln.

2. Für die Sauce die Kokosmilch und Brühe in einem Topf erhitzen. Erdnussmus unterrühren, aufkochen und unter Rühren bei mittlerer Hitze ca. 5 Min. köcheln lassen. Sauce mit Sojasauce und Limettensaft würzen, zugedeckt bei milder Hitze warm halten.

3. Das Öl in einer großen beschichteten Pfanne erhitzen. Möhren, Kohl und Paprika unter Wenden bei mittlerer bis starker Hitze 2–3 Min. unter Rühren braten. Chili- und Knoblauchwürfel zugeben und kurz mitbraten, leicht salzen und pfeffern. 3 EL Erdnusssauce untermischen. Gemüsenudeln anrichten, restliche Erdnusssauce dazu servieren.

TAG 4: Abendessen – Vorschlag 3

SPINATSUPPE MIT KOKOSMILCH

Grüner wird's nicht: Dieses Süppchen aus jungen Spinatblättern, Kokosmilch und knackigem Topping ist in 20 Minuten fertig und besonders kalorienarm.

Für 2 Portionen
30 Min. Zubereitung
Pro Portion ca. 290 kcal, 6 g E, 27 g F, 7 g KH, 3 g BST

---

60 g Schalotten
1 kleine Knoblauchzehe
1 Stück Ingwer (ca. 15 g)
150 g Baby-Spinat
2 TL helles Sesamöl
200 ml Kokosmilch
150 ml Gemüsebrühe
10 g Cashewkerne
Salz
Pfeffer
2 TL Limettensaft
4 Stängel Koriandergrün
¼ TL Chiliflocken

LOW CARB

SCHNELL GEKOCHT

VEGAN FOOD

1. Schalotten, Knoblauch und Ingwer schälen und fein würfeln. Spinat verlesen, waschen und kurz abtropfen lassen. Das Öl in einem Topf erhitzen, Schalotten-, Knoblauch- und Ingwerwürfel darin bei mittlerer Hitze 2–3 Min. dünsten. Die Hälfte vom Spinat zufügen und bei mittlerer Hitze zugedeckt in 2–3 Min. zusammenfallen lassen. Kokosmilch und Brühe zugeben, aufkochen und zugedeckt bei mittlerer Hitze ca. 3 Min. köcheln lassen.

2. Inzwischen die Cashewkerne grob hacken und in einer kleinen Pfanne ohne Fett anrösten. Vom Herd nehmen und abkühlen lassen.

3. Suppe ebenfalls vom Herd nehmen, restlichen Spinat zufügen und mit dem Pürierstab sehr fein pürieren. Suppe noch mal aufkochen, mit Salz, Pfeffer und Limettensaft würzen. Koriander kurz abbrausen, trockenschütteln und Blätter abzupfen. Suppe in Schalen anrichten und mit Chiliflocken bestreuen. Mit den Cashewkernen und Korianderblättern bestreut servieren.

Tag 5 – Endspurt

Super! Sie sind (fast) am Ziel. Heute ist der letzte Tag Ihrer Scheinfasten-Woche. Wie fühlen Sie sich? Verjüngt, fröhlicher, wacher, zufriedener, voller Energie – und ganz nebenbei auch schlanker? Dass Essen viel mehr sein kann als nur ein Sattmacher, haben Sie diese Woche gemerkt. Stimmt's?

TAG 5: Frühstück – Vorschlag 1

ENERGY-ESPRESSO MIT SCHOKO-KOKOS-TOUCH

Ein kleiner kräftiger Espresso ist morgens als Muntermacher erlaubt, vor allem, wenn er sich mit selbst gemachten Energiekugeln und Kokosdrink verbündet.

Für 2 Portionen
10 Min. Zubereitung
Pro Portion ca. 220 kcal, 9 g E, 17 g F, 8 g KH, 5 g BST

---

4 Schoko-Energy-Balls
(Rezept Seite 155)
300 ml ungesüßter Kokosdrink
100 ml heißer Espresso
¼ TL Kakaopulver
(schwach entölt)

LOW CARB · SCHNELL GEKOCHT · VEGAN FOOD

1. Die Schoko-Energy-Balls grob zerbröckeln und mit dem Kokosdrink in einen Topf geben, unter Rühren mit dem Schneebesen oder Milchaufschäumer erhitzen, bis sich die Kugeln aufgelöst haben.

2. Die Schoko-Kokosmilch in zwei Gläser oder Tassen geben und mit je 50 ml heißem Espresso aufgießen. Mit Kakaopulver bestäuben und sofort servieren.

Bekömmliches Morgenelixier

Espresso ist besonders säurearm und meist besser verträglich als Filterkaffee. Der Grund: Espressobohnen werden länger geröstet und dabei wird die Cholorgensäure, die den Magen reizt, um bis zu 70 Prozent abgebaut. Außerdem wird bei der Zubereitung von Espresso das Wasser mit hohem Druck durch das Pulver gepresst, dabei lösen sich weniger Reiz- und Bitterstoffe.
Weiterer Pluspunkt: Im Espresso sind Polyphenole enthalten, die einen positiven Einfluss auf den Zuckerstoffwechsel und den Insulinspiegel haben und das Risiko für Diabetes senken, das haben mehrere US-amerikanische Studien belegt. Den Kokos-Kaffee aus diesem Rezept können Sie übrigens auch kalt genießen: Einfach abkühlen lassen und mit Eiswürfeln in hohe Gläser füllen.

TAG 5: Mittagessen – Vorschlag 1

GEMÜSERASPELSALAT MIT RAUCHMANDELN

Dieser Rohkostsalat mit Frischefaktor macht mit Sellerie, Möhren und Petersilie auf leichte Art angenehm satt. Überraschung: Im Gemüse-Mix tauchen plötzlich knackige Rauchmandeln auf.

Für 2 Portionen
20 Min. Zubereitung
Pro Portion ca. 260 kcal, 5 g E, 22 g F, 8 g KH, 7 g BST

---

200 g Knollensellerie
150 g Möhren
½ Bund Petersilie
25 g Rauchmandeln (ersatzweise Mandeln)
½ Bio-Zitrone
Salz
Pfeffer
2 EL Olivenöl
1 EL Mandelöl (alternativ Haselnussöl)

LOW CARB · SCHNELL GEKOCHT · VEGAN FOOD

1. Sellerie und Möhren putzen, schälen und auf der Rohkostreibe in feine Streifen schneiden. Petersilie waschen, trockenschütteln, Blätter von den Stielen zupfen und bis auf ein paar Blätter zum Garnieren fein hacken. Die Rauchmandeln grob hacken.

2. Die Zitrone heiß waschen, abtrocknen, 1 TL Schale fein abreiben und den Saft auspressen. In einer Schüssel Zitronensaft und -schale mit Salz und Pfeffer verquirlen, beide Ölsorten unterrühren. Sellerie, Möhren, Petersilie und Mandeln zum Dressing geben und untermischen. Salat bei Bedarf nachwürzen, auf Tellern anrichten und mit Petersilie garniert servieren.

Lunch-Time ist Raw-Time

Unsere Darmflora passt sich an die Nahrung an. Essen wir gar keine Rohkost, fehlen bestimmte Darmbakterien. Dann kann es zu Verdauungsproblemen kommen. Etwa die Hälfte der fünf empfohlenen Gemüseportionen pro Tag sollte deshalb roh verzehrt werden, der Rest gekocht. Die meisten Menschen vertragen rohes Gemüse mittags besser als abends. Dann bleibt genügend Zeit, um die Ballaststoffe zu verdauen. Zudem funktioniert die Verdauung abends langsamer als mittags.

TAG 5: Abendessen – Vorschlag 1

BLUMENKOHL-MANDEL-SUPPE MIT RADIESCHEN

Das frische Topping aus Radieschen, Kürbiskernen und Schnittlauch ergänzt die sämige Mandelsuppe bunt und knackig. Kürbiskernöl trumpft mit gesunden Fetten auf.

Für 2 Portionen
30 Min. Zubereitung
Pro Portion ca. 290 kcal, 6 g E, 26 g F, 7 g KH, 5 g BST

---

300 g Blumenkohl
1 kleine Zwiebel
2 EL Olivenöl
15 g dunkles Mandelmus
250 ml ungesüßter Mandeldrink
300 ml Gemüsebrühe
Salz
Pfeffer
2 TL Kürbiskerne
6 Radieschen
¼ Bund Schnittlauch
1 TL Weißweinessig
½ Bio-Zitrone
2 TL Kürbiskernöl

LOW CARB · SCHNELL GEKOCHT · VEGAN FOOD

1. Blumenkohl putzen, waschen und grob in Röschen schneiden. Zwiebel schälen und fein würfeln. 1 EL Olivenöl in einem Topf erhitzen, Blumenkohl und Zwiebel bei mittlerer Hitze 2–3 Min. dünsten. Mandelmus einrühren, mit Mandeldrink und Brühe auffüllen, aufkochen und offen bei mittlerer Hitze 20–25 Min. garen. Mit Salz und Pfeffer würzen.

2. Inzwischen die Kürbiskerne in einer Pfanne ohne Fett bei mittlerer Hitze rösten, vom Herd nehmen, abkühlen lassen und grob hacken. Radieschen waschen, putzen und in dünne Scheiben hobeln oder schneiden. Schnittlauch abbrausen, trockenschütteln und in feine Röllchen schneiden. Radieschen, Kürbiskerne und Schnittlauch mit Essig, Salz, Pfeffer und übrigem Olivenöl verrühren.

3. Suppe mit dem Pürierstab fein pürieren. Zitronenhälfte heiß waschen, trockenreiben und auspressen. ½ TL Schale fein abreiben. Suppe mit Zitronenschale, 1 EL Zitronensaft, Salz und Pfeffer abschmecken. In zwei tiefe Teller füllen, mit je 1 TL Kürbiskernöl beträufeln. Radieschen-Mix darauf verteilen und servieren.

GEFÜLLTE AVOCADO MIT GEMÜSESALSA

Der bunte Mix aus Tomaten, Paprika und Oliven ist ruckzuck zubereitet und noch schneller weggelöffelt – mit im Gepäck jede Menge Geschmack, Vitamine und Bio-Aktivstoffe.

Für 2 Portionen
20 Min. Zubereitung
Pro Portion ca. 240 kcal, 2 g E, 21 g F, 7 g KH, 5 g BST

---

1 Avocado (ca. 200 g)
1 große Tomate (ca. 100 g)
80 g bunte Snack-Paprika (rot, gelb, orangefarben)
4 schwarze Oliven (ohne Stein)
1 EL Zitronensaft
2 TL Aceto balsamico bianco
2 EL Olivenöl
Salz
Pfeffer
¼ Schälchen Kresse

LOW CARB · SCHNELL GEKOCHT · VEGAN FOOD

1. Die Avocado längs halbieren, Kern entfernen. Tomate waschen, vom Stielansatz befreien, halbieren, entkernen und das Tomatenfleisch in kleine Würfel schneiden. Paprika waschen, putzen, längs aufschneiden und ebenfalls klein würfeln. Oliven abtropfen lassen und vierteln.

2. Zitronensaft, Essig und Öl in einer Schüssel verrühren. Tomaten, Paprika und Oliven zugeben und untermengen, mit Salz und Pfeffer abschmecken. Salat in die Avocadohälften verteilen, die übrige Füllung drumherum platzieren. Mit je einem Büschel Kresse garniert servieren.

Besser bekömmliche Sorten

Manche Menschen reagieren empfindlich auf Gemüsepaprika, vor allem, wenn sie roh gegessen wird. Das liegt vor allem an der Schale, die besonders viele Verdauungsenzyme enthält, was zu Bauchschmerzen und Aufstoßen führen kann. Die gute Nachricht: Mini-Snack-Paprika und auch Spitzpaprika werden häufig besser vertragen, da sie eine weichere Schale haben.

Wer es morgens gerne pikant mag, kann zusätzlich eine halbe klein gewürfelte rote Peperoni in die Gemüsesalsa mischen.

MEDITERRANE GEMÜSEPFANNE

Leichte Lunch-Partie ans Mittelmeer: Provenzalisches Gemüse mit Knoblauch, Rosmarin und Basilikum bringt Sonne und reichlich Vitalstoff-Power auf den Teller.

Für 2 Portionen
40 Min. Zubereitung
Pro Portion ca. 280 kcal, 7 g E, 21 g F, 12 g KH, 7 g BST

---

1 Aubergine (ca. 300 g)
1 rote Paprika (ca. 160 g)
60 g Schalotten
1 Knoblauchzehe
120 g Staudensellerie
200 g kleine Tomaten
2 kleine Zweige Rosmarin
3 EL Olivenöl
20 g Mandeln
Salz
Pfeffer
2 TL Tomatenmark
2 TL Aceto balsamico
2 Stängel Basilikum

---

1. Die Aubergine waschen und putzen, Paprika vierteln, entkernen und waschen. Beide Gemüse in ca. 2 cm große Stücke schneiden. Schalotten schälen, halbieren und in feine Streifen schneiden. Knoblauch schälen und in dünne Scheiben schneiden. Sellerie waschen, putzen und schräg in ca. 0,5 cm dicke Scheiben schneiden. Die Tomaten waschen, vom Stielansatz befreien und sechsteln. Rosmarin abbrausen und grob in Stücke schneiden.

2. In einer großen Pfanne 2 EL Öl erhitzen, Aubergine darin bei starker Hitze ca. 4 Min. unter Wenden anbraten. Paprika, Sellerie, Schalotten, Knoblauch und Mandeln mit dem übrigen Öl in die Pfanne geben. Rosmarin zufügen und alles bei mittlerer Hitze weitere 4 Min. mitbraten. Salzen und pfeffern.

3. Tomatenmark und Tomaten untermischen und ca. 2 Min. mitdünsten. Gemüse mit Essig und 100 ml Wasser ablöschen, mit Salz und Pfeffer würzen und offen bei mittlerer Hitze ca. 5 Min. schmoren lassen. Basilikum abbrausen, trockenschütteln, abzupfen. Gemüsepfanne mit Basilikum bestreut servieren.

ZUCCHINI-ZITRONEN-SUPPE MIT NÜSSEN

Ein Hit auch für Gäste: Unter die cremige Suppe mit Haselnussmus mischen sich zarter Spinat und Zitrone. Das Ergebnis: fein säuerlich, herrlich frisch und richtig, richtig lecker!

Für 2 Portionen

30 Min. Zubereitung

Pro Portion ca. 230 kcal, 8 g E, 17 g F, 7 g KH, 4 g BST

---

1 Schalotte (ca. 40 g)
je 1 grüner und gelber Zucchino (à ca. 200 g)
½ Bio-Zitrone
1 EL Olivenöl
Salz
Pfeffer
10 g Haselnussmus
350 ml Gemüsebrühe
20 g gemischte Nusskerne
50 g Baby-Spinat

LOW CARB · SCHNELL GEKOCHT · VEGAN FOOD

1. Die Schalotte schälen und fein würfeln. Zucchini waschen und putzen, den grünen Zucchino längs vierteln und in grobe Stücke schneiden. Zitrone heiß waschen, trockenreiben, 1 TL Schale fein abreiben und 2 EL Zitronensaft auspressen.

2. Öl in einem Topf erhitzen, Schalotte und Zucchinistücke 2–3 Min. andünsten, salzen und pfeffern. Haselnussmus einrühren, mit 1 EL Zitronensaft und Brühe auffüllen. Zitronenschale zugeben, aufkochen und bei mittlerer Hitze offen ca. 20 Min. kochen lassen.

3. Inzwischen den Nusskerne-Mix in einer Pfanne ohne Fett bei mittlerer Hitze anrösten. Auf einem Teller abkühlen lassen. Spinat verlesen, waschen und gut abtropfen lassen. Gelben Zucchino in feine Streifen hobeln oder mit dem Spiralschneider schneiden. Mit Salz, Pfeffer und übrigem Zitronensaft mischen.

4. Suppe vom Herd nehmen und etwas abkühlen lassen, mit dem Schneidstab fein pürieren. Spinat zugeben und ca. 1 Min. auf höchster Stufe weitermixen. Suppe in Schalen geben, gelben Zucchinisalat darauf verteilen. Mit dem Kerne-Mix bestreuen und servieren.

Bereiten Sie die Suppe am Vortag zu und stellen Sie sie zugedeckt kalt. Dann geht's abends, wenn Sie heimkommen, blitzschnell. Versprochen!

TAG 5: Frühstück – Vorschlag 3

GURKEN-KALTSCHALE MIT KRÄUTERN

Grüne Welle fürs Frühstück! Vielerlei Kräuter und Frühlingszwiebeln bringen Würze und Vitalstoffe in diese frische Gurkensuppe. Getoppt wird sie von knackigen Radieschen.

Für 2 Portionen
30 Min. Zubereitung
Pro Portion ca. 250 kcal, 4 g E, 22 g F, 9 g KH, 8 g BST

1 Salatgurke (ca. 400 g)
2 dünne Frühlingszwiebeln
50 g gemischte Kräuter (z. B. Basilikum, Dill, Estragon, Kerbel, Petersilie, Schnittlauch)
2 EL Zitronensaft
2 EL Olivenöl
2 TL Hanföl
Salz
Pfeffer
5 Radieschen
4 Mohn-Leinsamen-Cracker
(Rezept Seite 155)

LOW CARB · SCHNELL GEKOCHT · VEGAN FOOD

1. Die Gurke putzen, schälen und längs halbieren. Ein kleines Stück der Gurke nochmals längs halbieren, in dünne Scheiben schneiden und beiseitelegen. Restliche Gurke grob würfeln. Frühlingszwiebeln waschen, putzen und in feine Ringe schneiden. Kräuter waschen, trockenschütteln, Blätter abzupfen und einige zum Garnieren beiseitelegen, Schnittlauch in Röllchen schneiden.

2. Die vorbereiteten Zutaten mit Zitronensaft, 300 ml kaltem Wasser, Oliven- und Hanföl in den Standmixer geben und fein pürieren. Mit Salz und Pfeffer abschmecken.

3. Radieschen waschen, putzen und in dünne Scheiben schneiden. Kaltschale anrichten, Gurken- und Radieschenscheiben darauf verteilen und mit restlichen Kräutern garniert servieren. Cracker dazu knabbern.

Kraftvolles Superfood

Wer oft und üppig frische Küchenkräuter verzehrt, genießt Gesundheit pur und bekommt eine Extraportion Kalzium, Kalium, Eisen, Vitamin C, Vitamin K und Beta-Carotin. Dank vieler sekundärer Pflanzenstoffe verfügen die Kräuter über eine stark antioxidative, entzündungshemmende, entgiftende, immunstärkende, antimikrobielle und verdauungsfördernde Wirkung.

TAG 5: Mittagessen – Vorschlag 3

BLUMENKOHLREIS-BOWL MIT SPINAT

Rund, bunt und gesund – diese Low-Carb-Schüssel ist mit allem gefüllt, was lecker satt und topfit macht. Gedünsteter Curry-Blumenkohl ersetzt hier den üblichen Reis.

Für 2 Portionen
30 Min. Zubereitung
Pro Portion ca. 240 kcal, 7 g E, 17 g F, 11 g KH, 9 g BST

---

1 kleiner Blumenkohl
1 kleine Zwiebel
2 EL Olivenöl
½ TL Currypulver
¼ TL gemahlene Kurkuma
Salz
1 Mini-Salatgurke (ca. 120 g)
1 EL Weißweinessig
150 g Kirschtomaten
60 g Baby-Spinat
Pfeffer
½ Avocado (mit Stein ca. 125 g)
1 EL Zitronensaft
¼ TL Chiliflocken

LOW CARB · SCHNELL GEKOCHT · VEGAN FOOD

1. Den Blumenkohl waschen, putzen und in Röschen teilen. 300 g Blumenkohl im Blitzhacker portionsweise auf Reiskorngröße zerkleinern. Darauf achten, dass der Kohl nicht zu fein wird.

2. Zwiebel schälen, würfeln und in 1 EL Öl bei mittlerer Hitze glasig dünsten. Blumenkohl, Curry und Kurkuma zugeben und unter Rühren ca. 2 Min. mitdünsten.
50 ml Wasser zugießen, salzen und alles zugedeckt bei milder bis mittlerer Hitze ca. 10 Min. dünsten.

3. Inzwischen die Gurke waschen und in ca. 1 cm große Würfel schneiden, mit Salz und Essig mischen. Tomaten waschen und vierteln. Spinat verlesen, putzen, waschen und gut abtropfen lassen.

4. Den Blumenkohlreis in zwei Schalen anrichten. Gurken samt Marinade, Tomaten und Spinat in Grüppchen daraufsetzen. Mit Salz und Pfeffer würzen und mit dem übrigen Öl beträufeln.

5. Avocado entkernen, Fruchtfleisch aus der Schale heben und mit Zitronensaft und 2 EL Wasser zu einer geschmeidigen Creme verrühren. Mit Salz und Chiliflocken würzen. Je einen Klecks Avocadocreme auf den Blumenkohlreis setzen und servieren.

Die Bowl eignet sich optimal für unterwegs. Einfach in ein auslaufsicheres Gefäß füllen und los geht's ins Büro oder zum Picknick.

MÖHREN-INGWER-SUPPE MIT BIMI

Feincremiges Löffel-Vergnügen mit intensivem Aroma und zartem Erdnuss-Crunch: Ingwer und Curry schärfen die Suppe, knackig junger Wild-Brokkoli begeistert als Topping.

Für 2 Portionen
30 Min. Zubereitung
Pro Portion ca. 280 kcal, 7 g E, 20 g F, 14 g KH, 8 g BST

---

250 g Möhren
1 Stück Ingwer (ca. 10 g)
1 Zwiebel
1 Knoblauchzehe
2 EL helles Sesamöl
1 TL Currypulver
10 g Erdnussmus
450 ml Gemüsebrühe
150 g Bimi (Wild-Brokkoli; ersatzweise Brokkoliröschen)
Salz
Pfeffer
10 g Erdnusskerne (geröstet und gesalzen)

LOW CARB · SCHNELL GEKOCHT · VEGAN FOOD

1. Die Möhren putzen, schälen, längs halbieren und in ca. 2 cm große Stücke schneiden. Ingwer, Zwiebel und Knoblauch schälen und fein würfeln.

2. 1 EL Öl erhitzen, Möhren, Zwiebel und Ingwer darin unter Rühren ca. 3 Min. dünsten. Knoblauch, Curry und Erdnussmus unterrühren, Brühe dazugießen. Zugedeckt aufkochen und bei milder Hitze ca. 20 Min. kochen lassen, bis die Möhren weich sind.

3. Inzwischen den Bimi putzen, waschen und abtropfen lassen. Stielenden knapp abschneiden, Bimi in mundgerechte Stücke schneiden (alternativ Brokkoliröschen zerkleinern). Übriges Öl in einer Pfanne erhitzen, Bimi darin bei mittlerer Hitze unter Wenden 5–6 Min. braten. Mit Salz und Pfeffer würzen.

4. Möhrensuppe vom Herd nehmen, mit dem Pürierstab fein pürieren und mit Salz und Pfeffer abschmecken, dann erneut erhitzen. Erdnüsse hacken. Suppe anrichten, mit Bimi und Erdnüssen bestreuen und servieren.

Bimi oder Wild-Brokkoli ist die natürliche Kreuzung einer chinesischen Kohlart mit Brokkoli und hat einen milden, leicht nussigen Geschmack.

Rezepte-Extra
Snacks und Begleiter

Hier stellen wir Ihnen drei zusätzliche Rezepte vor, die Sie vielseitig in Ihren Speiseplan einbauen können und die auch in den Gerichten des 5-Tage-Programms immer wieder eine Rolle spielen.

NUSS-SAATEN-BROT

Für 1 Laib (ca. 800 g; 16 Scheiben)
40 Min. Zubereitung • 2 Std. Quellen • 1 Std. 10 Min. Backen
Pro Scheibe ca. 160 kcal, 6 g E, 10 g F, 9 g KH, 6 g BST

---

40 g Haselnusskerne • 40 g Mandeln • 120 g zarte Haferflocken • 100 g geschroteter Leinsamen • 150 g Sonnenblumenkerne • 40 g Flohsamenschalen • 20 g Chia-Samen • 1 ½ TL feines Meersalz • 3 EL Rapsöl

Außerdem: 1 Kastenform (20 cm Länge)

---

1. Die Backform mit Backpapier auslegen. Haselnüsse und Mandeln grob hacken, mit den Haferflocken, Leinsamen, Sonnenblumenkernen, Flohsamenschalen, Chia-Samen und Salz in einer Schüssel mischen – am besten mit einem Schneebesen. Dann 350 ml Wasser und das Rapsöl dazugeben und mit einem Kochlöffel gründlich unterrühren. Die Nuss-Saaten-Mischung in die vorbereitete Form füllen und glatt streichen. Den Teig zugedeckt an einem warmen Ort ca. 2 Std. quellen lassen

2. Den Backofen auf 180° vorheizen. Die Form auf dem Rost in den Ofen (Mitte) schieben und das Brot ca. 30 Min. backen. Dann herausnehmen, vorsichtig aus der Form stürzen und auf dem Rost bei gleicher Temperatur weitere 40 Min. backen.

3. Das Brot aus dem Ofen nehmen und auf einem Kuchengitter vollständig abkühlen lassen. Damit sich das Brot gut schneiden lässt, sollte es einen halben Tag ruhen.

MOHN-LEINSAMEN-CRACKER

Für 32 Stück
30 Min. Zubereitung • 30 Min. Quellen • 30 Min. Backen
Pro Stück ca. 30 kcal, 11 g E, 3 g F, 0,5 g KH, 2 g BST

---

40 g ungeschälter Sesam • 40 g Mohnsamen • 40 g geschroteter Leinsamen • 30 g Flohsamenschalen • 30 g Mandelmehl (teilentölt) • 1 Möhre (ca. 75 g) • 6 Stängel Thymian • ¼ TL rosenscharfes Paprikapulver • feines Meersalz • 1 EL Olivenöl

---

1. Sesam, Mohn, Leinsamen, Flohsamenschalen und Mandelmehl in einer Schüssel mischen. Möhre putzen und reiben. Thymian abbrausen, die Blättchen abstreifen und fein hacken. Möhre und Thymian mit Paprikapulver und ¼ TL Salz in die Schüssel geben. 200 ml warmes Wasser sowie das Öl dazugeben und alles ca. 30 Min. quellen lassen.
2. Den Backofen auf 180° vorheizen. Masse auf ein mit Backpapier belegtes Blech geben, mit einem zweiten Stück Backpapier bedecken und mit einer Teigrolle sehr dünn auf Blechgröße ausrollen. Oberes Backpapier entfernen. Den Teig vierteln, jedes Viertel nochmals vierteln. Die entstandenen 16 Stücke diagonal halbieren, sodass 32 dreieckige Cracker entstehen. Im Ofen (Mitte) 30–35 Min. backen.

SCHOKO-ENERGY-BALLS

Für 10 Stück
10 Min. Zubereitung
Pro Stück: ca. 100 kcal, 3 g E, 8 g F, 3 g KH, 2 g BST

---

20 g Haselnusskerne, 30 g geschälte Hanfsamen, 15 g Kokosraspel, 15 g Kakaopulver (schwach entölt), 10 g Kakao-Nibs, 10 g Gold-Leinsamen, ¼ TL gemahlene Vanille, ½ TL Zimtpulver, 50 g Cashewmus

---

1. Die Nüsse im Blitzhacker fein zerkleinern. Hanfsamen, Kokosraspel, 10 g Kakaopulver, Kakao-Nibs, Leinsamen, Vanille, ¼ TL Zimt, Cashewmus und 1–2 EL Wasser dazugeben und alles mixen, bis eine formbare Masse entsteht.
2. Aus der Masse mit angefeuchteten Händen 10 gleich große Bällchen formen. Das restliche Kakaopulver und den restlichen Zimt auf einem Teller mischen und die Energy-Kugeln darin wälzen, bis sie rundherum überzogen sind. Luftdicht verpackt halten die Bällchen im Kühlschrank etwa zwei Wochen.

Service

BÜCHER, DIE WEITERHELFEN

Longo, Valter
Iss dich jung: Die Longevità-Diät. Wissenschaftlich erprobte Ernährung für ein gesundes und langes Leben
Goldmann Verlag

Matejka, Rainer
Fasten heilt
Trias Verlag

Michalsen, Andreas
Mit Ernährung heilen: Besser essen – einfach fasten – länger leben
Insel Verlag

Moore, Jimmy; Fung, Jason
Fasten – Das große Handbuch. Heilen Sie Ihren Körper mit kurzem, langem und intermittierendem Fasten
Riva Verlag

Sinclair, David
Das Ende des Alterns. Die revolutionäre Medizin von morgen
DuMont Buchverlag

Aus dem GRÄFE UND UNZER VERLAG

Hobelsberger, Bernhard; Kleine-Gunk, Bernd
Das neue Easy-Fasten. Mit dem revolutionären Abnehmprogramm in 5 Tagen jünger und schlanker

Kleine-Gunk, Bernd; Cavelius, Anna; Dusy, Tanja
Abnehmen mit Sirtfood. Gesünder essen und besser leben mit dem Schutzenzym Sirtuin

Kleine-Gunk, Bernd; Merz, Lena
Schlank mit Sirtfood

Kleine-Gunk, Bernd
15 Jahre länger leben. Die 7-Säulen-Anti-Aging-Strategie nach dem Hormesis-Prinzip

Kleine-Gunk, Bernd
Jung bleiben ist Kopfsache

Ruge, Nina; Duscher, Dominik
Altern wird heilbar. Jung bleiben mit der Kraft der drei Zellkompetenzen

ADRESSEN, DIE WEITERHELFEN

Deutsche Gesellschaft für Ernährung (DGE)
Infos über neue Erkenntnisse in der Ernährungswissenschaft; Herausgabe von Referenzwerten für die Nährstoffzufuhr
Godesberger Allee 18
D-53175 Bonn
www.dge.de

Deutsche Gesellschaft für Präventions- und Anti-Aging-Medizin (GSAAM)
Infos zu aktuellen Erkenntnissen der Anti-Aging-Medizin
Vallstedter Weg 114 A
38268 Lengede
www.gsaam.de

Metropol Medical Center
»Medizin der kurzen Wege« – Ärztezentrum, in dem sich auch die Praxis von Prof. Kleine-Gunk befindet
Virnsberger Straße 75
D-90431 Nürnberg
www.mmc-nuernberg.de
kleine-gunk@mmc-nuernberg.de

Sachregister

WICHTIGER HINWEIS

Rezeptregister

Impressum

GU ist eine eingetragene Marke der GRÄFE UND UNZER VERLAG GmbH, www.gu.de

ISBN 978-3-8338-8719-2
6. Auflage 2025

Projektleitung: Stella Schossow
Lektorat: Ulrike Geist
Bildredaktion: Nele Schneidewind
Rezepte: Martina Kittler
Umschlaggestaltung: ki36 Editorial Design, München, Sabine Skrobek
Layout: ki36 Editorial Design, München, Bettina Stickel
Herstellung: Petra Roth
Satz: Christopher Hammond
Reproduktion: Medienprinzen GmbH, München
Druck und Bindung: Firmengruppe APPL, aprinta druck. Wemding

Umwelthinweis
Nachhaltigkeit ist uns sehr wichtig. Der Rohstoff Papier ist in der Buchproduktion hierfür von entscheidender Bedeutung. Daher ist dieses Buch auf PEFC-zertifiziertem Papier gedruckt. PEFC garantiert, dass ökologische, soziale und ökonomische Aspekte in der Verarbeitungskette unabhängig überwacht werden und lückenlos nachvollziehbar sind.

Die GU-Homepage finden Sie unter www.gu.de

Bildnachweis
Cover: Istock
Rezeptfotos: Tina Engel
llustrationen, S. 12, 17: Pia Bublies

dominik martin/unsplash: S. 26; Renate Forster, www.renateforster.de: S. 6_2; averie woodard/unsplash: S. 46; caroline veronez/unsplash: S. 30; clay banks/unsplash: S. 42; Fotolia: S. 55_2; gian cescon/unsplash: S. 24; irene kredenets/unsplash: S. 57_2; Istock: S. 34, 54_1, 55_1, 56_1, 56_2, 58; jerry zhang/unsplash: S. 38; Justin Healy: S. 20; Privat: S. 6_1; seasons.agency/Gräfe & Unzer Verlag/Hoersch, Julia: S. 53; seasons.agency/Schulte-Ladbeck, Stefan: S. 54_2; Shutterstock: S. 57_1; Stocksy: S.10; victoria todorova/unsplash: S. 8

Syndication:
www.imageprofessionals.com

QUALITÄTS G|U GARANTIE

LIEBE LESERINNEN UND LESER,

wir wollen Ihnen mit diesem Buch Informationen und Anregungen geben, um Ihnen das Leben zu erleichtern oder Sie zu inspirieren, Neues auszuprobieren. Wir achten bei der Erstellung unserer Bücher auf Aktualität und stellen höchste Ansprüche an Inhalt und Gestaltung. Alle Anleitungen und Rezepte werden von unseren Autoren, jeweils Experten auf ihren Gebieten, gewissenhaft erstellt und von unseren Redakteur*innen mit größter Sorgfalt ausgewählt und geprüft.

Haben wir Ihre Erwartungen erfüllt? Sind Sie mit diesem Buch und seinen Inhalten zufrieden? Wir freuen uns auf Ihre Rückmeldung. Und wir freuen uns, wenn Sie diesen Titel weiterempfehlen, in Ihrem Freundeskreis oder bei Ihrem Online-Kauf.

Sollten wir Ihre Erwartungen so gar nicht erfüllt haben, tauschen wir Ihnen Ihr Buch jederzeit gegen ein gleichwertiges zum gleichen oder ähnlichen Thema um.

KONTAKT ZUM LESERSERVICE

GRÄFE UND UNZER VERLAG
Grillparzerstraße 12
81675 München
www.gu.de